U0018845

哲學家

富增章成／著

徐雪蓉／譯

超訳 ——————— 哲学者図鑑

超圖鑑

60位哲學家 ╳ 100個哲思

超萌情境圖帶你玩轉思想實驗，看穿事物本質，擁有人生主控權

馬克思
MARX
唯物論

康德
KANT
定言令式

漢娜・鄂蘭
HANNAH ARENDT
極權主義

尼采
NIETZSCHE
權力意志、超人

笛卡兒
DESCARTES
心物二元論

前言
哲學，人生的最佳解答！

「哲學這玩意兒毫無用處！」
「哲學這東西不知所云！」
「哲學只不過是在玩文字遊戲！」

沒錯，這正是哲學常受批判之處。但人們也會在某個瞬間，被這看似與日常生活無關的哲學吸引，例如諸事不順時、人生失意時，或是迷失自我而感到不安的時候⋯⋯

「不，我沒問題。像那種時候，只要喝喝酒、追追劇、聽聽音樂、再找朋友吐一下苦水就萬事OK啦！」

這確實也是一種方法。

但我們都知道：人生沒那麼簡單，並非只要「保持淡定、不去計較」就能解決問題，光是改變心情不是根本解決之道，有時還會因為意識到困境終究無解而徹底灰心。既然知道無法解決，許多人就會想：那我不如來學點哲學吧！

說得簡單，但哲學門檻卻高不可攀，明明讀了各種入門書，但幾乎每一本都會讓人內心OS：「這哪裡算入門啊？」

因此，這本書裡我把複雜的哲學思想解釋得極簡易懂，依照歷史沿革選出六十位偉大的思想家，以每位四頁的篇幅來進行解說。

首先，我盡可能地把各哲學家所提倡的學說一一拆解、咀嚼後再介紹給讀者。話雖如此，但哲學畢竟就是哲學，不甚了解之處也是有的，所以，有時你或許會覺得讀來無聊又疲倦，遇到這種情況，不妨欣賞一下書中插圖，放鬆身心。

接著是【練習思考】單元，形式是從哲學家的思想角度，來看問題本身能有怎樣的思考方式？到了【提示】的提醒，便能了解本文與問題之間的連結，最後可再重新閱讀一遍，完整吸收書裡介紹的觀念。

在【解答解說】裡，你會發現若從該哲學家的思想出發，文章的內容有哪些地方不盡然正確。透過問題和解說，更能清楚了解其思想內涵！

本書隨處可見內容之矛盾，不過，請毋庸擔心。例如，某頁寫著「要壓抑欲望」，別處卻又提出「應追求快樂」這樣完全相反的主張；聲稱「神是存在的」，隨即又說「上帝已死」。此外，先證明了「有死後的世界」，怎麼一下子又推翻這個論點，說「死了，一切就都灰飛煙滅」。上述矛盾，不一而足。

其實，這並非哲學家們任意玩弄理論，而是因為隨著歷史演變，思想也一直在變遷，我們以回溯的眼光來整理這些論

點，所以才產生了前後矛盾的現象。好比過去日本人習慣穿和服，現在則穿洋裝，同樣的，思想也會有流行與傾頹的起落。話雖如此，就像只有在祭典時才會穿和服一樣，過去的哲學思想，有時也會突然受到吹捧。

基本上，要先對歷史有個大致上的理解，才是比較理想的作法，哲學發展史大致可分為「為了求知的理性」（古代）→「順服上帝的理性」（中世）→「更合乎邏輯的理性」（近代）→「批判理性的邏輯」（現代）。

詳盡說明如下。

古代：世上存在著絕對的真理，必須知道宇宙的法則，要透過理性的力量來壓抑欲望，學習忍耐。

中世：上帝是絕對的存在、聖經上寫的都是真理，理性只是為了理解上帝所需的輔助品。

近代：快脫離上帝，用自己的大腦思考吧！理性的力量足以了解一切，合乎邏輯的思考，能夠解決所有問題。

現代：把舊觀念全都歸零、重組，驅動理性的力量是欲望，快樂更不應該被否定。為了創造大眾幸福，讓我們來打造更美好的社會。

大致上就是如此。

我們站在兩千五百年前直到現代的各種哲學立場上，為日常生活發生的事提供解答，因此依哲學家意見的不同，這些答案也產生分歧。不知「何者才是正確的」，正是哲學的一大醍醐味。我想，讀者只要透過閱讀，便能在不知不覺中，學會從各種不同角度思考事物內涵的方法。哲學能對應的內容實在是五花八門，所以你應該也會發現，那些日常生活中的芝麻小事，其實沒什麼大不了的。

從這個角度來看，或許哲學才是人生「解悶散心」的最佳藥方呢！能讓讀者們透過本書，多多品味哲學世界的奧祕，這就是我莫大的榮幸了。

超譯哲學圖鑑

Contents

前言..003

Chapter 1
古代

蘇格拉底 Socrates...012

柏拉圖 Platon...016

亞里斯多德 Aristotelēs..020

伊比鳩魯 Epikouros 024

芝諾 Zēnōn..028

西塞羅 Marcus Tullius Cicero...032

佛陀 buddha...036

孔子（孔丘）、孟子（孟軻）..040

老子（李耳）、莊子（莊周）..044

奧古斯丁 Aurelius Augustinus 050

阿奎納 Thomas Aquinas.. 054

皮柯 Giovanni Pico della Mirandola... 058

馬基維利 Niccolò Machiavelli 062

笛卡兒 René Descartes 066

斯賓諾莎 Baruch De Spinoza 070

萊布尼茲 Gottfried Wilhelm Leibniz 074

培根 Francis Bacon 078

洛克 John Locke 082

柏克萊 George Berkeley... 086

休謨 David Hume.. 090

巴斯卡 Blaise Pascal 094

盧梭 Jean-Jacques Rousseau... 098

康德 Immanuel Kant... 102

黑格爾 Georg Wilhelm Friedrich Hegel.................................... 106

叔本華 Arthur Schopenhauer 110

邊沁 Jeremy Bentham 116

彌爾 John Stuart Mill 120

詹姆斯 William James 124

杜威 John Dewey..128

馬克思 Karl Heinrich Marx..132

齊克果 Søren Aabye Kierkegaard 136

尼采 Friedrich Wilhelm Nietzsche 140

胡塞爾 Edmund Gustav Albrecht Husserl 144

海德格 Martin Heidegger..148

雅斯培 Karl Jaspers 152

沙特 Jean-Paul Sartre 156

梅洛・龐蒂 Maurice Merleau-Ponty..160

列維納斯 Emmanuel Lévinas 164

阿蘭 Alain（Emile-Auguste Chartier）..168

佛洛伊德 Sigmund Freud 174

榮格 Carl Gustav Jung 178

阿德勒 Alfred Adler 182

阿多諾、霍克海默 Theodor W.Adorno、Max Horkheimer 186

哈伯瑪斯 Jürgen Habermas 190

索緒爾 Ferdinand de Saussure 194

李維史陀 Claude Lévi-Strauss 198

傅柯 Michel Foucault 202

李歐塔 Jean-François Lyotard 206

布希亞 Jean Baudrillard 210

德勒茲、瓜塔里 Gilles Deleuze、Félix Guattari 214

德希達 Jacques Derrida 218

阿圖塞 Louis Althusser 222

漢娜‧鄂蘭 Hannah Arendt 226

羅蘭‧巴特 Roland Barthes 230

班雅明 Walter Bendix Schönflies Benjamin 234

內格里、哈爾特 Antonio Negri、Michael Hardt 238

羅爾斯 John Bordley Rawls 242

弗蘭克 Viktor Emil Frankl 246

羅素 Bertrand Arthur William Russell 250

維根斯坦 Ludwig Josef Johann Wittgenstein 254

結語 258

專有名詞表 261

參考文獻 265

古代

形上學　倫理學　論理學　etc…
政治學　詩學
自然科學

亞里斯多德
萬學之祖

蘇格拉底（Socrates）

柏拉圖（Platon）

亞里斯多德（Aristote lēs）

伊比鳩魯（Epikouros）

芝諾（Zēnōn）

西塞羅（Marcus Tullius Cicero）

佛陀（buddha）

孔子、孟子（孔丘、孟軻）

老子、莊子（李耳、莊周）

蘇格拉底
Socrates
倫理的知性主義

> 透過連續的提問，原本不理解的事也會一點一滴地明白。

| 國家 | 古希臘 | 學說 | 產婆法、「無知之知」 | 約 B.C.469 ～ 399 |

著作 無

被問到「那是什麼」，就馬上愣住了

●顛覆執念的產婆法

有個名叫蘇格拉底的人，會不分地點場合，問青少年「什麼是正義」、「什麼是良善？」之類的問題。他就宛如深夜酒吧裡的醉漢一樣，令人莫名其妙。

其實他是刻意這麼做的，這叫做「產婆法」，他只提出問題，並不強加對方特定概念，不過他會執拗地追問：「那是為什麼？」、「到底是什麼？」結果就暴露出被問者的「無知之知」。沒錯！正是被窮追猛打後，暴露自己其實什麼都不懂的事實。但這可不是蘇格拉底在使壞喔！他只是認為，每個人的內心深處，都知曉何謂對錯。因此，在問答之中，內心的真實

自然就會慢慢浮現。

　　我們來做個假設好了！現在有個人主張：「和受害者相比，加害者其實並沒有損失。」以現代人的觀點來說，可能會同意這種見解。騙子（加害者）和被騙（受害者）比起來，騙子的損失較小；與被霸凌的人（受害者）相比，霸凌者（加害者）一點損失也沒有。

　　然而，蘇格拉底卻質疑這個論點，他說：「加害者是否比受害者醜陋？」，大概誰都會說「那是當然的啊」，蘇格拉底又繼續追問：「既然加害者比被害者更醜陋，那加害者不是自找罪受嗎？」此時，我們恐怕也只能回答「是」了。

做壞事的雖是加害者，但因內心會受到譴責，反而變成了受害者。這樣，便引導出「做壞事是醜陋的，所以加害者更痛苦」的結論，藉此就打破了最初那種「與受害者相較，做壞事的人毫無損失」的「執念」了，這就是所謂的「產婆法」。

◉連續提問即為哲學思考

蘇格拉底認為人類最重要的是「靈魂」，只要琢磨、修煉「靈魂」，就能變成「美好的人」、「良善的人」。但當年與現在或許沒有太大差別，大多數的古希臘人都一味認定要獲得財富、名譽和權力，才能成為「美好的人」、「良善的人」。其實，這種「應該要獲得財富、名譽與權力」的想法，可能只是一種偏執而已。

不過，當人在「堅守某種信念」時，並不會注意到自己的「一廂情願」，即使是現在，也可能發生以下這樣的事。比如有人天花亂墜地講：「做這個生意一定會大賺！」、「投資股票肯定能致富。」而聽到的人也深信不疑，「認為這麼做肯定能大賺一筆」。不料，之後的人生卻是一敗塗地……

遇到這種情況時，就可用蘇格拉底也很推薦的「自問自答法」。不過，這種方法並非與他人進行實際溝通，而是與自己的內心對話。首先，選一個自己深信不疑的「執念」，再徹底的自我追問：「這真的正確嗎？」、「那樣果真良善嗎？」諸如此類，如此就會發現「執念」等於「無知」。

練習思考

有借有還是對的嗎？

　　我試著思考什麼是「正確的事」，例如「有借有還是對的嗎？」確實，有借有還這件事本身是對的。但我們來做個假設好了，某人向別人借了狩獵用的來福槍。可是，這段期間，物主精神異常了，這個時候把獵槍還給他，依然是正確的行為嗎？「或許我會因此害人被殺……」所以就搞不清楚什麼才是對的了。那到底什麼是正確的？

 提示！

每個人都會有錯覺，認為自己無所不知。

 解答 解說 **在困惑中，能增加思考的深度**

　　「有借有還」當然沒錯，但有時會因情況差異，結果大不同。例如，我們都堅信「對人付出是好的」。不過，要是付出的東西是「核武」呢？像這樣，對我們向來視為理所當然的常識，冷不防地丟出一個嶄新論點，這就是產婆法。不過，在產婆法的進行過程中，「執念」會被一一破壞，導致思想混亂，不確定什麼才是對的。但無所謂，因為你的思想已經比以前更有深度了，哲學思辯者，是心靈的探險家。

柏拉圖
Platon

理型論Eidos (forms)

> 真實，
> 存在於超越現實世界的地方。

| 國家 古希臘 | 學說 理型、愛慾（Erōs） | B.C.427～347 |

著作 《蘇格拉底的申辯》《饗宴》《理想國》

人人都在追求現實中不存在的理想

◉真實存在另一個世界嗎？

　　蘇格拉底的弟子柏拉圖，對蘇格拉底不斷追問事物的「定義」，稱之為「**理型**」。例如，當有人問你「紅色是什麼」、「紅色的定義是什麼」時，應該如何回答才好？若說像玫瑰的紅、紅綠燈的紅、蘋果的紅，這樣的解釋其實並不完整，必須提出能滿足一切「紅的定義」的說明才行，那才是「紅的理型」。不管世間的「紅」如何變換，「紅的定義」＝紅的理型，只存在超越現象界生死流轉的「**理型界**」之中。

　　另外，另一個世界裡還存在著其他理型，例如「善的理

型」、「正義的理型」、「美的理型」等等，也就是說，**現實世界是變化的，而柏拉圖追求的是「不變」**。柏拉圖認為，無論從任何人的立場出發，在理型界裡「真實」（理型）都是存在的。例如，偷竊的行為究竟是好是壞，只要用理型探照，就一清二楚了（用善的理型來看，偷竊是惡的）。

然而，對現代人來說，柏拉圖的理論有其難以理解的地方。他說：現實世界的一切，都有與其對應的理型。桌子、筆或馬的理型等等，全都存在別的世界，世界上存在著各式各樣的物體，但必須有一個共通的「本質」（理型）才行。

用現代人比較容易理解的方式來解釋柏拉圖理論就是：「世界上充滿了眼睛可見、耳朵能聽、皮膚可感的各種事物。

而在這個世界的深處，存在著某種其他形式的真實。」

◉「憶起」原本已知的事，就是學習

柏拉圖假設數字、顏色、異同與大小、冷熱等一切事物都有理型。即使我們無法看見或聽見那些「真實」（理型），卻能想像它們的存在，換言之，無法感知的東西，卻可仰賴理性的力量來獲得。

此外，柏拉圖認為人在出生之前，就已經知道理型的存在，他認為知識是先天就存在於世界上的。當我們在學習國語、計算數學時，也會經常性地參照理型界的法則，柏拉圖將它稱為「憶起」。柏拉圖用神話的形式來說明「憶起」的概念，根據這個論點，每個人的靈魂原本都在天上（理型界）觀看著理型，但因誕生於世，便在被封閉於身體內的一瞬間，把理型給忘了。

即便如此，靈魂依舊保有想回歸天上的意願，這被稱為「愛慾」，意指不斷追求理型（理想的、完全之物）的「純愛」。因此，我們每個人在不斷追求理想，當靈魂看見理型的仿製品，例如杯子和筆等東西時，內心的愛慾就會被喚醒，並憧憬著「想要直接看到理型」、「想要回歸原鄉，也就是天界」。人類就是在理型的光照下，判斷一切事物。

練習思考

為什麼畫不出正確的三角形？

　　A 君的家庭作業是畫出正確的三角形。然而，當他用放大鏡檢視畫完的三角形後發現，邊和角的線條凹凸不平，根本不能稱為正確的三角形。A 君反覆畫了很多遍都不成功，他心想這樣「一定會被老師罵啦！」

　　如果用柏拉圖的理論來看，這項作業能否順利完成呢？

 提示！

　　這個世界，並不存在完全的點或線，它們只存在於數學的邏輯中。

解答解說 在腦中掌握完全的存在

　　點本身沒有面積，但若把點描繪出來，就形成了面積，而線有寬度，所以人們決定「線與線的交會處就是點」。因此，即便腦中存在著完美的點、線、圖形，卻與現實有著微妙的誤差。鏡子無論磨得再光亮，反射率也不可能達到百分之百。所以即使在腦中想像著完美的理想，但實際畫出來的線條，卻凹凸不平不完美，因此想要畫出完美的三角形是不可能的。

亞里斯多德

Aristotelēs

形上學 · 倫理學 · 政治學 (萬學之祖)

> 人生就是學習的集合體，學習是最幸福的時刻。

國家 古希臘	學說 目的論、幸福	B.C.384～322

著作《形上學》《尼各馬科倫理學》

人生來就有求知欲

◉我們活著的目的是什麼？

亞里斯多德哲學批判了他的老師柏拉圖的「理型論」，同時發表了各種獨到的論點，他的倫理學對我們的生活有很大的幫助。亞里斯多德指出，人類會想先達成眼前的目標，他說：「人會以一個良善的事物為目標，進而採取其他行動。」（《尼各馬科倫理學》），例如為了上學或上班而搭電車，或是因為肚子餓而吃東西等等。

但若像這樣只著重於眼前事物，久而久之就會感到空虛，就會開始想「每天都重複做同樣的事，人生的目的究竟何在？」（你會不會偶爾也有這種想法呢？）

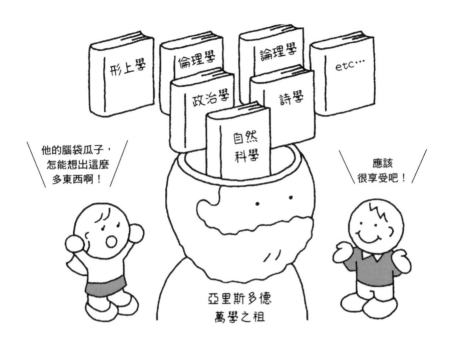

亞里斯多德認為人生必須追求「欲望的終極目標」，彷彿人生來就是為了追求這件事而存在，那究竟是什麼呢？亞里斯多德稱之為「至善」。

◉「為了什麼」的極致，就是「為了幸福」

要知道自己的人生目的何在，就要反覆追問自己「為了什麼」這個問題，當你明白這個問題的答案時，就代表它正是你人生的目的，也就是「為了幸福」。「幸福」正是人的「美好生活」，也就是「至善」！因為已經感到滿足，就不會繼續追

問「那幸福又是為了什麼」，因為「幸福就是幸福啊！」

　　根據亞里斯多德的理論，幸福可分為三類。第一類是飲食享樂的幸福；第二是獲得名譽的幸福，也就是被眾人稱讚「真是太厲害了」的幸福；第三是獲知宇宙真理的幸福，例如想要研究科學，從宇宙大爆炸到電腦都想精通。亞里斯多德認為，第三類的學習性的生活（**深度思考的生活**），才是幸福的極致。

●好習慣讓你變得更理性

　　所謂的幸福，要靠伴隨著**邏各斯（理性〔Logos〕）**的活動來獲得，所以動腦會使人快樂、擁有理性，意味著能夠選擇人生。日常生活中有時我們會動怒，根據亞里斯多德的說法，那是人類的本性，是無可奈何的，因為會生氣就是會生氣，沒有選擇的餘地。

　　但是，「火氣上來時」，可以先深呼吸，接下來的行動就能依理性來選擇了。**我們實在沒必要一受外界刺激就做出本能反應（因為那是動物才會出現的行為）**。亞里斯德認為這種「品格之德」來自習慣，我們因為行為正當而成為正當的人，做事勇敢而成為勇敢的人。若能有意識性地執行這些習慣，就能成為一個具有自我控制力的人。

練習思考

人是為了吃而活嗎？

　　我是一個要養家活口的上班族，有兩個小孩，餐費、學費、房租、水電費，以及其他各種支出，幾乎讓我每個月口袋空空。所以有時我不免會想：「人活著到底是為了什麼？」但其實，我是知道的：還不是為了混口飯吃嘛。人就是為了吃而活的。唉，真是無趣的人生……

　　若是亞里斯多德來看，此人的想法到底哪裡錯了？

 提示！

　　每個人都會有錯覺，認為自己無所不知。

解答解說 **轉換當下的心態**

　　人生雖是一連串「為了什麼」的集合，但若認為真正的目的只是如此，就會感到空虛，例如塞在通勤的車陣裡，心裡想的是：「真是浪費時間！只是為了去上班而已。」這樣想法只會讓人疲憊。但是，若把通勤時間拿來學英文，就能把原本「為了移動」的虛無目的，轉換成「增加知識」這個有意義的目的了。如此，就會感到幸福，這就是亞里斯多德的解決方法。

伊比鳩魯

Epikouros

伊比鳩魯學派

> 不要害怕死亡，
> 要開朗地生活。

國家 古希臘　　**學說** 原子論、享樂主義　　B.C.342 左右～ 271 左右

著作《箴言集》《書信》

幸福到底是什麼？

◉如何才能得到幸福？

知名的亞歷山大大帝（B.C.356 ～ B.C.323）開創的世界帝國宏偉壯大，然而當時的人民卻飽受摧殘，因為希臘的城邦社會崩壞了。當「人民痛苦不堪，不知何去何從」時，出現了**伊比鳩魯學派**和**斯多葛學派**（參閱第28頁）的哲學；它們是思考如何在痛苦的人生中走出一條生路，至關危急存亡的思想。

伊比鳩魯的思想被稱為**享樂主義**，「Epicurean」這個詞的意思是享樂主義者，但若誤以為它是「主張放縱口欲、酒池肉林」的話可就麻煩了（這種人是不可能被寫進教科書裡的啦！）。伊比鳩魯的享樂指的是「身體沒有苦痛」，以及「內

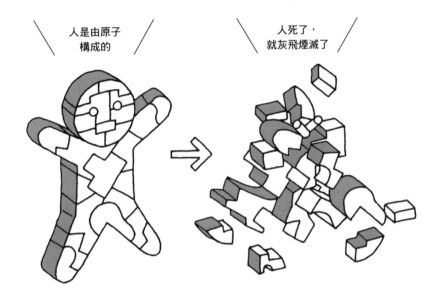

人是由原子構成的

人死了，就灰飛煙滅了

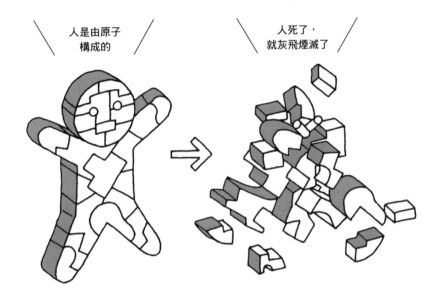

心的寧靜（Ataraxia．靈魂的安歇）」，也就是說，只要牙齒不痛、肚子不餓、不焦慮、不生氣，就是幸福。他所提倡的就是這樣的「享樂」。

　　他認為人之所以會痛苦，最大癥結在於對死亡的恐懼，所以要先去除這個負面印象。他運用哲學家**德謨克利特的原子論**，告訴自己「死亡並不可怕」，原子論已經是現代知識，也就是「世上物質皆由原子組成」的概念。既然肉體和靈魂都是由原子所組成，那麼死了應該也沒感覺，而且活著的時候就代表沒死，那麼思考死亡也就沒有意義。伊比鳩魯說：「**當我們活著時，死亡不會造訪，而死亡來臨時，我們早已不存在。**」真是言之有理……伊比鳩魯就是用這個方法超越死亡。

●避免奢侈才是享樂？

「享樂」一詞容易讓人聯想到在六本木被一群正妹圍繞，或是高級料理吃到飽，這種老掉牙的揮霍生活。但是，這並非真正的快樂。首先，想吃美食被視為「自然，但並非不可或缺的欲望」。既然如此，午餐嘛，吃個立食蕎麥麵就可以了，並非一定要豪華大餐不可，能果腹就行了。而**喝到爽、吃到飽是「既不自然，更非不可或缺的欲望」，根本不需要。**

伊比鳩魯追求的快樂是心靈的平靜，稱之「內心寧靜境界」。他主張探究知性的哲學，避免肉體享樂，追求清貧的生活。因此，會盡可能離群索居，以「隱居」為人生理想的境界（唉，夢幻的六本木夜生活，還是算了吧！）。

早上起床以後，吃片土司、荷包蛋，身體沒有什麼不適就是幸福；沒被車子輾過就是幸福；即使老花了，眼睛還看得到就是幸福；晚上能在餐廳裡吃個便宜的套餐就是幸福，以上就是所謂「內心寧靜」講究的極致幸福。每天都充滿了感謝、感激，就一切OK、萬事No Problem！

但若不幸重病住院了，又該如何是好？伊比鳩魯說：反正一切事物都是由原子組成的，生命的型態只能順其自然了，不需要愁眉苦臉。

練習思考

有錢就會幸福嗎？

活著的目的就是一味地追求快樂，現代人尋求享樂的人生。既然需要錢，所以就要拚命賺錢囉！花錢買開心，就是通往幸福的捷徑，反正只要有錢就會幸福了啦！真的是這樣嗎？

 提示！

我們總認為要獲得快樂才會幸福。但是，或許只要沒有痛苦，就是幸福呢？

解答解說 沒有痛苦就是幸福

以伊比鳩魯的概念來看，不論人生多麼享樂，若靈魂無法獲得滿足，那就是「不幸」。根本上來說，只要自己覺得「我很幸福」就是幸福了。幸福與否，不應該受到物質欲望的左右，想要獲得幸福，只要排除不幸就好了。而所謂的不幸，指的是肉體與心靈之苦，所以首要任務就是注意健康，來點不花錢的運動（例如慢跑），降低脂肪與糖分的攝取，菸酒都稍微節制一些，過過心靈平靜的生活吧！伊比鳩魯曾豪氣地說：「只要有水和麵包，就比宙斯還幸福。」讓我們學習伊比鳩魯哲學，切莫因攝取過高的熱量而染上慢性病喔！

芝諾

Zēnōn

禁慾主義、斯多葛學派

> 愈忍耐內心就能愈堅強，這就是世上最愉快的事了。

國家 古希臘　　　學說 APATHEIA（不動心）　　　B.C.335～263

著作 有。但都是斷簡殘篇，未留下完整的著作。

什麼是「遵循自然生活」？

◉「克苦」就不苦了嗎？

斯多葛學派（stoicism）的芝諾提倡克苦，透過鍛鍊，達到一種不為快樂、痛苦所困惑的境界。芝諾認為，人的本性在於**邏各斯（Logos，理性）**，應該建立合理的習慣和行為才對，「stoic」（禁慾）一詞正是源自斯多葛派。

芝諾說：「**要遵循自然生活**」。但那並非叫你去散步或吃有機蔬菜，而是「理性地生活」，亦即遵循自然法則，過著合乎邏輯的生活。那麼，受情感的驅使便是不合邏輯的事了，因此芝諾以不為**情感**（pathos）左右為目標，以達到一種**不動心**（apatheia）的終極境界。

目標要
減十公斤

今年也得
冠軍囉！

徹夜不眠，
努力讀書

　　人類有**自我保護的本能**，這和伊比鳩魯學派「活著只要不受傷、不生病就好」的想法一致。但是，斯多葛學派哲學認為快樂一點也不重要，例如肚子餓了要吃飯，但這是為了攝取營養，對吧！既然如此，享用美食和生啃胡蘿蔔就沒什麼差別，好吃與否無關緊要。同理，這個理論也適用於價值觀，例如我們把思慮周延、克己節制、貫徹正義、勇感無畏等特質視為善，相反地，把魯莽無謀、放蕩不羈、為非作歹、膽小怯懦等視為惡。那麼，德性高就是好的。

　　這類主張進一步就會得到以下的結論：**生與死、毀與譽、貧窮與富有、疾病與健康，凡此種種，都與提升人類靈魂的境**

界沒有關係。因為，從善惡的角度來看，兩者是沒有差別的，所以被人輕視也好，窮困潦倒也罷，甚至身染疾病，這些都和提高靈魂境界無關，既然如此，怎樣都無所謂。

●內心深處的「自然法」

對斯多葛學派來說，遵循自然的生活就是按照理性過日子，那是因為世上有一種**全宇宙適用的普遍性理法（邏各斯）**。在人類下判斷之前就已存在的宇宙理法，稱為「**自然法**」，人類透過理性得知這個宇宙理法，進而實踐許多良善之事，就像「不可殺人」這個自然法則就深植在人的心靈深處。斯多葛學派指出：人在宇宙的唯一理法，也就是在「自然法」之下都擁有理性，所以人人平等。

隸屬於世界這個**國家（cosmopolis）**的同胞，稱為**世界公民（cosmopolitan）**，城邦崩壞後，斯多葛學派才發展出全人類的「世界公民主義」（cosmopolitanism）。後來，羅馬帝國將「自然法」的概念應用於實在法（positive law）上。即便是現代制定的法律，若追本溯源，根據還是「自然法」。

練習思考

生活中都是些令人火大的事！

我是個上班族，每天都要早起又愛睏，客滿的通勤車廂就像是地獄。到了公司，又不得不和討厭的上司和同事相處，年輕的下屬也很沒禮貌。工作無趣，薪水又低，還得加班，完全沒好事。萬一沒達到公司的要求，恐怕隨時會被裁員。唉，真是太火大了。啊！一忍不住就把椅子踹飛了。

按照斯多葛學派的理論，此人該如何自處才好？

 提示！

斯多葛學派受犬儒主義（cynicism）影響，以禁欲為理想，過著「如犬一般的生活」。

解答解說 人生，就是禁欲的修行

斯多葛學派主張：「即使走在路上被石子絆倒了，也不可能叫它事先滾開。」換言之，對抗天意是徒勞無功的。歷經連續的因果而誕生的世界（自然），是一種宿命。因此，我們必須利用大自然賞賜的理性，進行壓抑情感之苦行，藉此鍛鍊精神，直至不動心的境界。但這不是對現狀的抵抗喔，而是借助理性的力量來克制欲望！若能把客滿的車廂和人際關係，視為禁欲般的修行，那麼就能提振自己的心情，這就是斯多葛學派的理念。

西塞羅

Marcus Tullius Cicero

斯多葛學派

> 老年期是人生的高峰！
> 和年老憂鬱說ByeBye。

[國家] 古羅馬　　　　[學說] 老年、死亡　　　　　　B.C.106～43

[著作]《論老年》《論義務》《論目的》

年紀愈大，人生愈快樂

◉變老，更有智慧！

西塞羅是羅馬時代的**斯多葛學派**哲人。他說，若認真學哲學，好好過生活，人生中的任何時期都能怡然自得。斯多葛學派主張：只要遵循自然生活（理性度日），就能坦然接受老化。哇，多麼有能量的哲學呀！

人都不喜歡變老，但西塞羅卻完全相反，他說我們應該以正面的態度來接受老化這件事。首先，他提倡：老人能做難度較高的工作。社會上普遍存在一種誤解，認為年長者無法勝任年輕人的工作。但他認為，工作最重要的並非體力與敏捷，而是思慮、威嚴，以及見識，隨著年紀漸長，思慮和想法也會隨

之成熟，就能做到年輕人做不到的事。他更進一步指出，老化
導致體弱的想法是錯誤的，只要持續保持熱情並維持活動力，
即使是老人也能常保體力不墜。確實，有人都九十幾歲了，還
活力充沛地工作對吧！

　　西塞羅還說，老年人也不會有記憶力衰退的問題，豐富的
知識學養，反而有助於新語彙的連結。最近的大腦科學研究也
主張隨著年齡增長，頭腦會越變越好。他是這麼鼓勵大家的：
若能勤奮淬鍊知識、精神鍛鍊，就不會有體力衰退的感覺，而
持續不斷工作的人，根本不會注意到自己老了。

　　他認為年老的好處還不只這些，例如，老後便無欲無求；

年輕時欲望橫流，不但容易妨礙思考，甚至會發生悖德行為。因此，他極力提倡：步入老年，自然能遠離這些壞處。

◉不必為死亡感到恐懼

脫離了欲望和野心的老年生活也可以過得很美好，沒有比適當的飲食、有趣的談話，以及在被自然擁抱的環境下安度晚年更幸福的事了。此外，年紀漸長很自然地會想到死亡將近。但西塞羅認為：「**接近死亡是一件非常美好的事。**」他說：「人生有限度」這件事是理所當然的，但這不是最重要的問題所在，**重要的是人生是否充實**。他宣導「死亡是圓滿成熟」的概念，並指出：「努力培養美德，實踐善行，把人生過得豐富而充實，就不會害怕死亡。」

況且死亡並非老年人的專利，是所有人都得面對的課題，年輕人也會遇到同樣的問題，誰都無法預知死亡何時到來。西塞羅指出，死亡或許會令人不安，但假如死後靈魂也隨之消失，那麼死亡就不足為懼了。反之，死後若仍靈魂不滅，會到另一個世界去，如此，死亡更應該是心之所願。也就是說，**不必為死亡感到恐懼**。在現代這個少子化與高齡化的社會，對老化抱持肯定態度的西塞羅，更是我們應當學習的對象。

練習思考

> ### 退休生活該如何安排？

　　我今年六十五歲，已經退休了，現在每天在家閒晃，整天無所事事，也沒什麼特別嗜好。要是有養條狗，就能帶牠出去散步了……出門去也沒有特別的目的地，回家倒頭就睡，不然就是看電視、喝喝酒而已。唉，這樣的生活，還要一直過下去嗎？想到就苦不堪言，連我家老伴也對我避之唯恐不及似的……

　　以西塞羅的觀點來看，這個人該怎麼做才好？

 提示！

徹底翻轉對年老的負面印象，把現在擁有的能力發揮到極限吧！

解答解說　學哲學，退休後也安心

　　西塞羅說：「年老，就是回憶與珍藏之前收穫的美德和善行。」因為累積的回憶很多，這就是老年的樂趣之一。更進一步，可以透過學習哲學，思考人生，你可以優雅地過生活，例如，讀哲學書籍或散步。思考這件事是無止盡的，或是到圖書館去借書回來看也很好，不用花錢，又能讓人免費獲得無限喜悅的就是哲學。退休後學點哲學，能讓剩下的人生，過得更有意義。

佛陀

buddha

佛教始祖

> 拋開執著，
> 一切痛苦都能消除。

國家 古印度	學說 緣起、無我	B.C.463 ～ 383（說法不一）

著作 無

擺脫人生痛苦的終極方法

◉人生一切皆苦

佛教教義有四法印之說：「一切皆苦」、「諸行無常」、「諸法無我」、「涅槃寂靜」。

「一切皆苦」的真理，指的是人的欲望無法滿足，所以會感到一切都是痛苦的；「諸行無常」意指世間一切都生生不息的流轉，所有事物都在變化。同時，萬事萬物皆不具自我同一性，會不斷變遷，所以人缺乏對自身的認識，我們總以為自己擁有不變的「自我」，其實並非如此——這個真理就是「諸法無我」。若能理解這一點，捨棄煩惱，就能達到安樂的境界，也就是所謂的「涅槃寂靜」。

歡迎光臨！

我才不需要呢！反正那不是我的東西。

　　我們渴望青春永駐、期待受人尊敬、想當有錢人，還要長命百歲……然而，這個世界本來就是不斷地在變動，所以人的期望都是癡心妄想，違反了宇宙法則，就好比人生道路逆著走，只會徒增痛苦而已。

●了解緣起，就能輕鬆自在

　　佛教的根本教義之一就是「**緣起**」，原意是「因緣而起」，也就是，一切的存在都是相互依存的關係。假如萬事萬物都因相互作用而存在，一切都是「**無常**」（都會變化）的話，那麼處於各種交會與關係中的個人（我），也只是一種暫

時性的存在吧！換言之，並沒有一個永遠不變的我這個實體（諸法無我）。再者，所謂的我，是由各種零件組成的集合體，因此佛教把人的組成要素稱為「五蘊」（色、受、想、行、識）。

釋迦牟尼（佛陀）一邊如此說法，同時也倡導能解脫人生痛苦的修行法門，就是實踐「**四諦**」與「**中道**」中的「**八正道**」。他說，若能藉此開悟，便可進入煩惱煙消雲散的涅槃之境。所謂「四諦」（苦諦、集諦、滅諦、道諦），這四諦就如同人生的指南。

第一個真理是：人生是痛苦的（苦諦），其次，痛苦的原因來自於煩惱（集諦），而人活著之所以有痛苦，是因為對這個不斷變化的世界（無常之世）總是心懷欲望。集諦就好像是在說「**人痛苦的根源其實都是自找的**」（集的意思是原因），進而揭示了消除煩惱，痛苦也會隨之不見的概念（滅諦），亦即**消除欲望便可解除痛苦**的真理。那麼，要如何才能消除欲望、揮別痛苦呢？他揭示了第四個真理，也就是摒除痛苦的修行法門（道諦），方法就是正見、正思惟、正語、正業、正命、正精進、正念、正定（冥想）這八正道。釋迦所倡導的佛教後來透過許多弟子的傳承，超越了世代，一直流傳至今。

練習思考

> ### 我才是人生的主角！

自己賺的錢自己花，有什麼錯？人生只有一次，不好好享樂不就虧大了，所以當然要全身都感受到快樂，才不會後悔呀！你問我是誰？我就是我啊！我就是一切的一切，這全部都是我自己的功勞，沒有靠任何人唷。沒辦法，我就是王！

從佛教的觀點來看，這位仁兄的想法哪裡有錯？

 提示！

你忘記你還有父母嗎？忘記空氣、水和食物都是外界來的嗎？而且這個世界的一切，你忘了也全都是別人努力才有的成果了嗎？

解答解說 連你自己都不曾擁有自己

假如這世界萬物相互依存，沒有任何東西能獨立存在（緣起），那麼你所擁有的也都只是暫時性的，甚至連你都不曾擁有過自己（無我）。快樂不可能永遠持續，若過分自信，誤以為一切都是自己的功勞，而忘記感恩，就會墜入地獄。

珍惜相互依存的關係，對所有的人、事、物心懷感激，不耽溺於極端的快樂，而能確切實踐中道（八正道），就能邁向涅槃之路。

孔子、孟子

孔丘、孟軻

儒家、德治主義

> 愛與禮儀，
> 是人的根本。

國家 中國春秋戰國	學說 仁、義、禮、智	孔：約 B.C.551 ～ 479 孟：約 B.C.372 ～ 289

著作 孔子無、孟子《孟子》

人類舉止言行的原點

◉人類的應行之道

　　孔子是**儒家**的始祖。生於中國北部山東省的魯國，很早就失去雙親，所以少年時代過得極為艱辛。他從魯國小官做起，之後才慢慢有所發展。但因他主張的學說遲遲未獲肯定，遂開始周遊列國。

　　儒教的思想精華是「仁」，「仁」原本是指骨肉血親之間自然萌生的愛，特別重視對於父母兄弟的親情。**仁是天性之愛的出發點**，對父母的孝行是「仁」，而懇切地侍奉雙親是仁的基礎，中國甚至有「百善孝為先」（出自《孝經》）的說法，可見仁德受重視的程度。當然，**孔子提倡的「仁」，並不侷限**

於血親之愛，更可以向外推展更多的關係性，因為「仁」是內在的、主觀的，所以「一切從愛開始」的說法最為貼切。《論語》集結了孔子的言論，其中的〈學而〉篇有以下敘述：有子曰，「其為人也孝弟，而好犯上者，鮮矣；不好犯上，而好作亂者，未之有也。」（有子，即有若，孔子的弟子）。

至於受到儒教影響的日本人，則對傳統禮儀非常講究，所謂的「禮」是維持社會秩序的規範。而「禮」就是將原本屬於內在、主觀的「仁」，表現於外而且客觀層面的結果，如果愛滿溢於外，很自然地就會實踐「禮」了。

孔子認為「仁」＝「體貼和愛」，才是一切人際關係的普遍原則，進而發展成不違背良心的「忠」、體貼他人的「恕」。孔子認為，以刑罰律人，人就會想鑽法律漏洞，行不

義之事。但假使每個人能將道德根植心中，行為自然就會正當，不偏不倚。因此，他提倡**德治思想**，該理念在日本江戶時代的文治政治¹時被付諸實踐。

◉人性本善

繼承並發展孔子思想的孟子和荀子，分別提倡了性善說與性惡說，孟子與荀子各自將「仁」和「禮」的層面擴大解釋。孟子把孔子的「仁」升等為「**仁義**」，即「仁愛之心＋正義之心」。

孟子的性善說可歸納為**四端**，所謂端，是「開端」、「前兆」、「萌芽」之意。只要在萌芽的善苗上施予充足的水分和養分，幼苗便能快速成長茁壯，結成「道德」之果。「四端」指惻隱、羞惡、辭讓、是非之心。

根據孟子的說法，四端之心，人皆有之。四端之首是「**惻隱之心**」，指的是「對於他人的不幸，無法坐視不管」、「體貼、悲憫之心」，若把這個加以擴充，便會成為「仁」；「**羞惡之心**」意指「對於惡的厭憎之心」，發展後便會形成「義」的德行；「**辭讓之心**」是「謙遜讓人」之意，進而成為禮儀中的「禮」；而「**是非之心**」，是能「正確判斷」之意，故可發展成「智」。

孔子和孟子的教誨在我們的生活中隨處可見，值得思考。

---

1 文治政治：指江戶幕府第四代將軍德川家綱至第七代將軍德川家繼時期的政治。

練習思考

給人的第一印象好，就能事事順利嗎？

有人這麼說：「人的第一印象有九成靠外表，因此有必要花錢在衣著行頭上。此外，談吐也很重要，為了得到別人的喜愛，得事先練習說話技巧。總之，就是得從外在下功夫！」

從孔子的思想來看，這個人的觀念有何謬誤？

提示！

孔子認為：內在的仁（愛），會自然流露於外而待人有禮，所以這位老兄應該是放錯重點了吧！

解答解說 裝點外表之前，要先修養內在

《論語》〈學而〉篇，子曰：巧言令色，鮮矣仁！

孔子討厭那些熱愛修飾外表又花言巧語的人，但是他卻能在素樸的人身上看見美好的德行。假如內在的、主觀的「仁」，也就是體貼之心能自然表露，顯現於外在的行動上，那麼就應該先存有體貼之心，就能自然地表現於外。

老子、莊子

李耳‧莊周

老莊思想

> 自然無為，
> 萬事順利。

國家 古代中國	學說 無為自然、萬物齊同	老：生卒年不詳
		莊：約 B.C.4 世紀

著作《老子》《莊子》

無所作為，便能水到渠成

◉還有比不努力更容易成功的嗎？

　　老子和莊子所追求的，是排除人為、順應自然的生活方式，他們的思想合稱**老莊思想**。老子否定儒家所倡導的人倫禮教，斥之為不自然的作為，他認為無須遵循人所制定的規則，只要順應宇宙真理，也就是「**道**」就可以了。也就是說，正因為孔孟身逢亂世，儒家主張的仁義才受到吹捧，若是天下太平，就沒有必要去想多餘的事。

　　老子說：「真正的道，是絕對無為的。」「道」，具體而言並沒有明確的指涉，而是**宇宙的原理（形而上之理）**。「道」既不可言說，也不能命名，所以只能稱之為「道」。

　　再則，正因為有「道」，萬物才得以生存。老子認為：「道」是種完全的存在，萬物自然也是完美的，所以毋須增添一分或消除一點，一切都會順利無礙。誠如「道」的本身，所以我們也只要按照自然的樣子生活就好，這觀念稱為「**自然無為**」。

　　有人為了勉強表現自己很出眾，而執著於追求學經歷，貪戀名聲、人氣、財富、地位與權力。但若因此而壓力纏身，造成精神疾患，那就全盤皆輸，就如「**道常無為而無不為**」（《老子》第三十七章），千萬別努力過度，凡事順其自然即可。

●宇宙萬物沒有大小之分

繼承老子思想的莊子指出：人類會運用智慧，對原為一體的世界「道」，做出區別。就好比因為有人通行而產生了道路一樣；或者，就因為大家都這麼說，所以約定俗成地形成了各種觀念。

莊子認為，正義也是人根據自身利益而定義的，所以所有的價值判斷都有偏頗之處。但是**若從無限大的宇宙層次來思考，便沒有所謂大小之分；萬物都是由人類訂定的相對性來判斷的**，人既無地位高下之別，也不存在任何差異，這個觀念稱為「**萬物齊同**」。

在「萬物齊同」的概念下，人可進入不受任何事物束縛、絕對自在的「**逍遙遊**」境界，宛如在宇宙之海上衝浪一般，不抵抗也不逃避，浪來了就順應它。若能達到如此境界，一切就會水到渠成，自然而順利，對於能站上這種絕對自由境界的，莊子稱為「**真人**」。

話雖如此，我們活在這個時代，若將老莊思想照單全收，恐怕會無法適應社會。其實，它並非指毫不努力、隨波逐流，而是要人不拘小節，活得輕鬆自在。現代人的每一天都很忙碌，因此，針對讓人放鬆這一點而言，老莊思想再好不過了。疲勞累積時，不妨試著「自然無為」一下，會很有效果的。

走平衡木時要有的心理準備？

　　今天是平衡木測驗的日子，我拚命要求自己好好走完，千萬不要出錯。不料，走到途中，我的身體忍不住搖晃，終究掉了下來。但朋友卻輕鬆地帶過：「只不過是體育考試嘛，沒關係啦！」

　　就老莊思想來看，這個努力的人哪裡有問題？

💡 **提示！**

愈努力愈容易緊張，結果事事不順，你是不是努力過頭了呢？

 把一切交給天地自然吧！

　　若認為每件事都是自身的行為，就會因緊張過度而容易失敗。要是從「道」這個至高無上的角度來看，其實成功或失敗沒有太大的差別，用這種心態去討挑戰任何事物，便可進入「自然無為」的境界。把自己交付給宇宙，就能保有自然的姿態，事實上，掌握主導權的並非自己，順其自然反而會更順利。

Q 哲學是什麼？

A　當你問「哲學是什麼」時，常常得到的回答可能是：「哲學就是哲學呀！」簡單來說，哲學就是一種縱貫古今、形成所有學問的根基。但是有時會自找麻煩，最後全部搞混，令人感覺更加困惑，宛如人生的駭客或騙子一樣。

學了哲學而變得不痛苦的狀況確實也是有的，但有時反而會為了原本毋須煩惱的事而更加煩惱。

哲學對數學、物理學、政治學、經濟學、史學、文學等一切領域的學問都很有意見，因此常被其他學科排擠或是邊緣化。

此外，一旦你開始用哲學思考問題，萬事萬物看來都會變得很哲學，故哲學也被比喻為「禁果」，所以奉勸各位學哲學不用過度鑽牛角尖。

Chapter 2

中世～近代

奧古斯丁（Aurelius Augustinus）

阿奎納（Thomas Aquinas）

皮柯（Giovanni Pico della Mirandola）

馬基維利（Niccolò Machiavelli）

笛卡兒（René Descartes）

斯賓諾莎（Baruch De Spinoza）

萊布尼茲（Gottfried Wilhelm Leibniz）

培根（Francis Bacon）

洛克（John Locke）

柏克萊（George Berkeley）

休謨（David Hume）

巴斯卡（Blaise Pascal）

盧梭（Jean-Jacques Rousseau）

康德（Immanuel Kant）

黑格爾（Georg Wilhelm Friedrich Hegel）

叔本華（Arthur Schopenhauer）

奧古斯丁
Aurelius Augustinus
教父哲學

> 人類對於永恆的存在，始終心懷憧憬？

| 國家 | 羅馬帝國 | 學說 | 神、恩寵 | 354～430 |

著作 《懺悔錄》《天主之城》《論自由意志》

你希望「現在」持續到永遠嗎？

◉何謂完全、永恆、終極的存在？

　　無論在時間或空間上，人類都是有限度的，不管走路或跑步，能移動的範圍也是有限的，搭乘交通工具也是。時間轉瞬即逝，終有一天就會死亡，總而言之，人類是不完全的存在。

　　有限的人類，無法擅自決定真理（世界的真實）；真理超越了人的精神層次，因此，終極性的根據只能依存在比人類更高的位置。而奧古斯丁是基督宗教[2]的神父，自然會把「上帝」認定為終極根據。但不信「上帝」的人也無須擔心，其實我只是把有限的人類無法理解的事，統稱為「上帝」而已。而奧古

─────────
2　基督宗教：此指羅馬教會天主教。

斯丁認為，人無法議論上帝；上帝創造的人類（**受造物**），不可能理解那樣巨大的存在。

　　但或許你會想：上帝在創造世界之前都在做什麼？祂應該很閒吧？針對這個問題，據說奧古斯丁也有解答。他說：「問創世前上帝在做什麼，這個問題並沒有意義。」，因為「時間」是創世之後才產生的，所以有關世界創造前的所有問題都是NG的。總之，因為人類太渺小了，不懂的事很多，所以更應該虛懷若谷！

◉你相信永恆嗎？

世界是上帝的賜予（**恩寵**），是從虛無中創造出來的，據說，人類的內在也刻印了如上帝記號般的東西，所以人類才會對神產生好奇。做了幫助他人的好事就會產生幸福感，那是因為上帝在人的內在種下「自然律」，所謂的「自然律」，指的是神的法則，所以我們從一出生，就已經設定好判斷善惡的基準了。

但是人還是會做壞事，因為，即使神的法則在人的心中有道德約束的力量在，人的自由意志卻會擅自違背神的命令。即使聽到神這樣對你說：「你喝多了吧？」，卻**因為上帝同時賜予人自由的意志，所以人還是會墮落**，而且無法靠一己之力爬起來。人，就是這樣軟弱的存在！

不過也不用擔心，因為上帝很溫柔，早就內建了導航系統，所以即使走偏了，終究還是能被導航（恩寵）帶回正軌。最後的設定是賜予我們永恆的生命，因此，即便只是假設也無妨，只要**相信永恆**，我們就能得到不滅的靈魂。

奧古斯丁說：「物體會因自身的重量，前往自己該去的地方……若無法處在被設定好的位置，就會感到不安；若能被放在安排妥善之處，就能平靜自在。而我的重量就是我的愛，因為有愛，所以不論我身在何處，只要是愛想去的方向，我就會被帶往那裡。」（《懺悔錄》第十三卷第九章）我們都在潛意識裡追尋著「永恆＝上帝」，只要相信永遠，就會產生力量。

練習思考

> 世上有永恆的愛嗎？

女孩說：「我永遠愛你。」她男友卻回答：「人終歸要死，永遠的愛是不可能的。」所以女孩非常生氣。

男友的理解，到底錯在哪裡呢？

 提示！

所謂的「永恆」，並不是物理或數理上的無限，而是「靈魂」。

解答解說 神是完全、永恆的存在

世界上有各種設定，來舉個例子吧！有個奮發向上的考生去福岡的太宰府天滿宮求了個考試順利的御守，這時候並不會有人跟他說：「那只不過是個布袋子嘛！」，因為他本人其實很清楚這件事，卻還是帶在身邊，人就是活在這種假想「設定」中的動物。只有不知趣的人才會說「以科學的角度來看，永遠並不存在」，我們絕不可以說「不變的愛」是和物理法則相矛盾的，正因為人都有「永恆的存在」這個巨大的意象，才使得永恆變得有價值，而這正是一種奇蹟。或許世上真的沒有永恆的愛吧！但當你相信的瞬間，永恆就確實存在。

阿奎納

Thomas Aquinas

士林哲學

> 證明神的存在後，就謙卑地相信祂吧！

國家 義大利	學說 理證明神的存在	約 1225 ～ 1274
著作 《神學大全》		

人能接近神到什麼程度？

◉證明神存在的方法

　　士林哲學的集大成者聖多瑪斯・阿奎納，以調和神學和哲學為目標，所謂神學，是以《聖經》中神乃真實無虛的事實為前提所展開的各種研究。但是，若要回答「是否真的有神」，就必須用哲學的力量「<u>證明神是存在的</u>」。因此，聖多瑪斯・阿奎納運用邏輯推理，證明了神的存在，他說：「一切物體都會動，但必須要有推動它的力量。因此，又會需要一個能驅使這個『使它者動』的東西。若繼續往前追溯，終將觸及『<u>第一因</u>』，不再有任何力量能使其運動；那就是神。」

　　就如同骨牌效應的意象：一個骨牌倒了，碰到下一個，下

神是誰創造的？

哎呀！那種事情是不能問的啊！

一個骨牌又會倒下，這樣的因果關係不斷持續。繼續往前追溯，應該會有一個起始才對，也就是說，一定有第一個人輕輕推倒了骨牌。世界也是如此，若沒有起源就會變得很荒誕；一定有某個最初發出力量的東西存在，除了稱之為「神」，沒有其他說法了。此外，還有另一個可以證明神存在的方法：「**自然物體本身雖不具備知識，卻都帶著某種目的性而活著**」，這就歸功於有一個知性的存在，那就是神。」

植物或蟲子都是帶著某種目的性而活著，種子長成了大樹，蜘蛛編織精密的網，而我們人類的存在，應該也有某種理由吧！引導我們走向那個目的的，除了「神」之外，不知還能稱之為什麼，所以神是存在的。

阿奎納總共提出五點來「證明神的存在」，日常生活中，我們對於這個邏輯似乎也都有所感受，宇宙的奧妙平衡、數學的整合性、大自然之美、生命的奧祕，甚至在雪花的結晶之中，也能感受到知性和目的的存在。如此想來，大自然必定也是那個擁有巨大能量創造者的產物了。

◉人類太渺小了，所以沒能力認識宇宙？

　　以證明神存在為線索，阿奎納進一步闡明了神的本質，神是宇宙的出發點，因此被稱為「第一因」，祂本身不為他者所動，為不變亦不動者。此外，神也不從他者處接受能量，自身就是種存在，這確實有道理，假如神還要吃喝，也太奇怪了吧！根據他的說法，神是最高階、最理想的存在；神的本身就是「真」、「善」、「美」。

　　因此，人類會想要模仿神這個理想而且極致的存在，對「真」、「善」、「美」心懷憧憬，所以人如果努力接近神的行為，就會被視為良善。反之，若妨礙人類發展、使人遠離神，就是惡的表現，這樣的說明很簡明易懂吧！

　　但阿奎納也提到神的容積太大，而人類這個器皿太小，所以無法完全承載得了神，也不可能充分理解神。他說：「只要接受神的恩寵之光，相信神，就能得到幸福。」或許我們可以說：由於人類的壽命太短，所以對於宇宙的奧祕，是無法完全領會的。

練習思考

未來人類能靠科學的力量成為神嗎？

我是個科學家，我相信未來世界會因為理論物理學的進步，人類將會了解宇宙的一切；生物學的發展也必然能使得人類永不滅亡，甚至不久的將來，人就能瞬間移動。終有一天，人會變得和神一樣，具有足以支配整個宇宙的力量。

根據阿奎納的哲學思想，這位科學家的主張有錯嗎？

 提示！

存在物有可能完全理解超越其存在的、更高層次的對象嗎？

解答解說 要知道人是有限度的

人類可藉由科學力量，極盡所能地認識宇宙整體的結構，這是有可能的，此外，或許有一天，科學也能讓人類變成不死不傷的完美存在。然而，我們畢竟活在這個世界上，應該無法變成創造我們的能量來源吧？或許正是因為人類的這種傲慢，才會產生環境破壞與核災問題。科學萬能的概念有其重要性，但承認人類的限度，抱持謙虛的態度，也是必要的！

皮柯

Giovanni Pico della Mirandola

文藝復興時期的人文學者

> 自由意志
> 能讓人成為神或是動物。

國家 義大利　　學說 自由意志的肯定　　　　　1463 ～ 1494

著作 《論人的尊嚴》

人生道路的原點在此

◉人就是小宇宙

「**文藝復興**」一詞，意指十五至十六世紀從義大利興起，後來擴展到全歐洲的大規模文化和社會運動，文藝復興對抗的是中世紀的**士林哲學**。

中世紀的基督宗教認為，人的一生由神所決定，他們強制人要專心一志地悔改，努力不犯罪，過著素樸的生活，因為神是偉大的，而人類在深思熟慮後下的決定，卻仍錯誤百出。根據基督宗教的概念，自由意志會將人類導向惡途，人類就是因為有**自由意志**才會犯罪。

因為文藝復興產生了新的潮流，這個時期盛行的是積極的

想法，認為：「**正是因為擁有自由意志，所以人能做到任何事，也才能創造自身的命運。**」文藝復興時期，義大利開始閱讀柏拉圖和亞里斯多德的著作，所以也流行超自然的世界觀。

　　古希臘把宇宙視為**大宇宙**（Macrocosmos），而把人類的身體看作**小宇宙**（Microcosmos），彼此相互對應（對照理論），智者的精神是小宇宙，不過，也和大宇宙對應。文藝復興是希臘思想的復甦，因此，這個宇宙的理論產生了變化。

◉所以，要變成什麼都可以呀！

皮柯在《論人的尊嚴》一書中說，人類不受任何束縛，能靠「自由意志」成為自己想要的樣子，皮柯更進一步擴大解釋小宇宙的概念，**強調自由意志所能發揮的積極力量**。神雖然在創世後創造了人類，卻未能留給這個新生的兒子任何禮物，也就是說，神未能贈與人類任何東西。相反地，祂卻賦予其他一切受造物各自擁有的性質，並將它們置於世界的中央。

第一個被創造出來的人類，亞當，神是這麼對他說的：「亞當，我並沒有賜予你獨立的空間、固定的相貌，或是特定的禮物。因為不管你心裡想要什麼地位、相貌，或禮物，**你都能依照自身的願望和想法去獲得**。」換言之，神明明有能力賜予人類一切，祂卻故意不給。

根據皮柯的說法，人以外的其他受造物都具有「被限定的本質」，也就是說，被預先設定的法則限制住的，就是動物與自然。唯獨人類不受任何束縛，能透過「自由意志」決定自己的本性。因此，我們不要認為一切都命中注定，反而應該解放神所授予的潛在能量，努力過生活，如此才是理想的狀態。

練習思考

> ## 我很喜歡占星呢！

　　牡羊座的你：悠閒地出門散步吧。今天可能會遇到令你興奮的事情喔！最好穿著輕便、好活動的服裝。金牛座的你：太謹慎反而導致壞結果，凡事不要想太多！雙子座的你：別期望太高喔！咦？

　　怎麼說的這些都和跟我一樣啊，但我是天蠍座的耶……

　　從皮柯的觀點來看，這些說法哪裡有問題？

 提示！

　　占星術認為，星體的運行會影響人類的命運。但若從自由意志的角度來看，又會是怎樣呢？

解答解說 未來是自己決定的

　　皮柯否定占星學，因為人類有能力獲得自己想要的東西，變成自己希望的樣子，他說人的內在都被植入「各式種類的種子，以及所有的生命之芽」，因此，人可從中選擇自己想要的生活。換句話說，人類擁有足以與神匹敵的智慧，沒有必要受天體運行的左右。我個人認為，占星術參考一下無妨，但壞的結果或許還是別太相信比較好，相信好事就好！

馬基維利

Niccolò Machiavelli

政治思想

> 為政者必須把政治與道德
> 切割開來。

國家 義大利	學說 政治與道德	1469 ~ 1527

著作《君主論》

勇猛如獅、狡猾如狐

◉政治與道德必須分開

　　以《君主論》聞名的馬基維利，是文藝復興時期義大利著名的政治思想家，當時的義大利分裂為眾多都市國家，為了爭奪勢力，戰亂不休。但歐洲諸國在絕對王權的體制下，逐漸形成強大而統一的國家，而法國、德國、西班牙等國也抓住義大利內戰的好機會侵略他們。「這可不行！」為了國家的存續與發展，馬基維利就在此政治現實下寫了《君主論》這本書，期待義大利出現一位與過去截然不同的主政者。

　　他認為，一個能制訂新法律、奠定新秩序的君主才能得到榮譽，實至名歸的君主，必須是站在民眾這一邊，他必須有保

獅子和狐狸
都買給我！

只能選
一個！

　　護自己和國家，不受內外侵擾的力量與智慧。因此，馬基維利
認為，在面對嚴峻的現狀時，君主若想當好人，就會招致毀
滅，這是極其愚蠢的事。應該這麼說，當唯有靠惡政才能保持
地位時，在上位者就必須擁有無懼汙名的決心，大聲宣稱
「對，我就是暴君！」。馬基維利認為，應該把**政治切割於宗
教與道德體系**之外，徹底實踐嚴刑峻法的原則。

◉君主必須令人畏懼

　　過去，共和國或君主國的理想，都受到柏拉圖的哲人政治
所影響，以理型論為基礎，所以君主都必須是慈悲的好人。柏

拉圖將世界分為理型界與現象界，但是，馬基維利追求能在身處的世界中拿來運用的真理。柏拉圖的弟子亞里斯多德說：「人在本質上是屬於城邦性的動物。」意指，人為了過得更好，會很自然地期待組織成一個「自然共同體」，無論柏拉圖或亞里斯多德，都抱持性善論。

但馬基維利卻認為，要在以利己概念為主的人類世界裡維持良好秩序，某種程度的國家強制力是必要的，亞里斯多德以共同體的國家為理想，相對地，馬基維利所建構的國家觀，需要一個強勢的最高領導者。

人為了不受他人侵害而制定法律，對犯法者處以刑罰，馬基維利認為這就是正義的起源，所以人民在選擇君主時，會期待一個思慮周詳、有強烈正義感的人。也就是說，民眾一直在尋求的是強而有力的領導者。

因此，君主看起來必須是理想人物，這一點固然重要，但他認為有時也必須採取激烈果斷的手段，這代表「一個君主被臣民敬畏，比受臣民愛戴更重要。」馬基維利將政治切割於宗教和道德之外，認為君主應該運用「狐狸的狡猾」和「獅子的勇猛」來治理國家。

練習思考

> 我為什麼變成一個窩囊的老爸？

　　我是個上班族，為家人盡心盡力，做一個好爸爸，我分擔家務、打掃房間、照顧小孩，也努力工作。但是，後來卻發現工作不順，無法功成名就。相對地，某位和我同期進公司的同事，家裡的事一概不管，只專心學好英文和電腦等各種技能，結果在工作上步步高升。

　　根據馬基維利的理論，這個人犯了什麼錯？

 提示！

為了達成目的，有時候必須把道德與行為分開？

解答解說 **太想討好別人，反而使人困擾？**

　　只要運用馬基維利「勇猛如獅、狡詐如狐」的概念，應該能變成一個勇於「Say No」、正氣凜然的君主型人物吧！不虛妄矯飾，表現出真實的內在，反而能獲得信賴。沒問題先生（Yes Man）所說的到底是不是真心話，旁人根本很難分辨，這樣是無法獲得信任的。最終，還是必須明確表達己見，所以他應該做個「被敬畏的老公」才對！（但後果自負）

Chapter 2 中世～近代

065

笛卡兒

René Descartes
歐陸理性主義

> 會思考的「我」，因思考而存在，
> 故為不滅的實體。

國家 法國　　學說 心物二元論（Mind–body dualism）　1596～1650
著作 《方法論》《哲學原理》《沉思錄》

正因為我會思考，所以我不是物質？

◉徹底懷疑一切後，所理解到的事

　　古代的亞里斯多德哲學和後繼的中世紀士林哲學，都用靈魂與內在目的來解釋自然界的種種現象。但到了近代，則是以**機械論的自然觀**取而代之，機械論以撞球相互碰撞的動態來解釋世界的關係。也就是說，最初世界被賦予力量，之後就靠彼此的因果關係任意運作，神的意志與目的並沒有介入。

　　十七世紀，法國哲學家笛卡兒就是機械論世界觀的代表，為了追求**絕對確切的真理**，他徹底懷疑一切，被稱為「**方法論的懷疑**」。意思是說，**要懷疑所有可疑之事，直到再也無法懷疑為止，剩下的才能稱為真理**。

抱歉，就笛卡兒的觀點，這是不可能的。

爺爺，我想要變成人類！

首先，笛卡兒認為憑感覺得到的資料都不確實，例如，把透明試管放入注滿水的杯子，試管看起來是扭曲的。然而，實際上應該是筆直的才對，因此，感覺這種東西是不可信的。

另外，像是身處房間，烤火爐取暖，穿著冬衣這些情境也該懷疑，因為當我們作夢時，很多時候都不會發現自己是在夢中，既然如此，這個現實世界也可能只是夢境（即虛擬的）。以此類推，數學的真理也受到質疑，即使像2+3=5 這種簡單的計算，也有可能只是神（或惡魔）刻意讓我們如此計算的也說不定。這樣的懷疑或許有些過頭，但他就是徹底懷疑到這種程度。

●區別物體和精神，機械式思考世界

但無論如何也無法再懷疑的，就是思考中的「我」正存在著這個事實。「意思是，即便我想著：這一切都是虛假的，然而，此刻正在思考的我，也必然得是某種存在才行。不管懷疑論者的手法再激烈，也無法撼動『**我思故我在**』這個堅定且確實的真理。」（《方法論》）

總之，當我懷疑：「我真的在思考嗎？還是，其實並沒有在思考？」時，就會發現：「啊，這確實就是思考啊！」也就是說，思考「並不在思考的我」這件事是不可能的，於是笛卡兒將「我思故我在」列為**哲學的第一原理**。另外，思考的我（精神）和肉體的我（物體）是截然不同的性質。

精神和物質是不同的實體（**心物二元論**）；它們雖同為實體，但精神的屬性（本質）是**思維**的，而物質的屬性則是**展延**的（佔據空間）。身體消失後，精神仍會留下，以靈魂的狀態存續（**靈魂不滅的證明**）。此外，用徹底的機械論與決定論來說明物體的運動，做為幾何學所規定的三次元的量，就能被科學性地計算出來。如此一來，笛卡兒將精神要素完全排除於物質之外，而確立了機械論的世界觀。

練習思考

心靈是從大腦衍生出來的吧？

近年來，腦科學很發達，認為心靈是由腦神經細胞連結所形成的，因此人一旦死亡，一切就結束了，而由於心靈是大腦的衍生物，故思考便是大腦內的電流反應。或許不久的將來，AI 人工智慧也能模仿人腦，擁有自己的意識呢。因為世界的一切都是物質。

這種想法以笛卡兒來看是錯誤的，它的問題何在？

提示！

大腦是物質，心靈也是從物質中產生的，所以，物質的地位是否早已高過其他？

解答解說 「物質與心靈」是不同層次的存在

若以自己的內心為出發點，那麼先產生的不是物質，而是名為「我」的這個自我存在，即使用「看得見物體，是因為透過光的鏡片」這個例子來說明存在的前提（光），這個前提仍和「看得見」是兩回事。換句話說，精神的體驗和科學的說明雖然能同步，卻是不同的東西，這就歸結到複雜的二元論了。要解決二元論的問題，只能回到物質一元論，強調大腦就是一切，但每個人心中依然有疑問：「那樣好像不太對」。

斯賓諾莎

Baruch De Spinoza

歐陸理性主義

> 要豁達地想：人的一切，無論過去
> 與未來，早就決定好了。

國家 荷蘭　　　　學說 泛神論、決定論　　　　1632～1677

著作《倫理學》《笛卡兒的哲學原理》

一切事物都有因果關係

●萬物皆可用一個原理說明

　　笛卡兒的心物二元論認為，身心是不同的東西。但是，分成兩個很麻煩，因此荷蘭哲學家斯賓諾莎就將之整合為一，要把兩個東西變成一個，只需要改變視角就可以了。

　　例如，東京鐵塔從側面來看是尖的，從上方看起來就是四角形的了，它既是尖的，又是四角形的。同理，斯賓諾莎把笛卡兒刻意區分開來的物質與精神合而為一，以「**神或自然**」這個用語統一起來，如此一來，心物二元論就理想地整合為一元論的「**神**」了。不過這個「**神**」泛指宇宙整體，和神社、基督教會所說的上帝無關。

「神」以精神與物質二者同時呈現，因此，也可用同步的概念來說明，例如當你產生「走吧」的念頭時，「腳就會往前邁進」。斯賓諾莎認為，「神」、「自然」是最高位階的原理，不依附在任何其他事物上。由於能量自足，便無吃喝拉撒的需要，而這個永恆不滅的能量就是「神」；「神」不需要仰賴他者，是All in One 的存在，稱為「自因」，不受限制，所以能自由自在。

也就是說，世間萬物都是「神」的各種變化（例如大海以波浪來呈現），是物質也同時是精神，就這樣，斯賓諾莎把神與自然視為同物。神不但包容、涵攝了一切，也普遍存在於一

切事物之中，也就是無所不在，這種思想稱為「**泛神論**」。

◉用邏輯認識情感，並予以控制

世間一切的現象，都是在神這個自然物的安排下所產生的必然結果，所以人類的諸多「情感」也可依據自然法則，以「幾何學的秩序」來說明。藉此，便能從隸屬「情感」之下的狀態中超脫出來，當你快要崩潰時，若能運用理性，最後總會有辦法解決事情的。

斯賓諾莎哲學指出，一切事物都歸結於「**神本來的必然性**」，就像骨牌效應一樣具有**因果關係**，也就是說，一切事物早已注定。以這個理論來看，人並不具備自由意志，何時出生、進哪間幼稚園、讀哪所學校、到哪家公司上班、什麼時候會死，全都已經注定了。

斯賓諾莎哲學更指出，**要能理解一切現象的發生都有其必然性**，唯有如此，人才能獲得「自由」，因為更了解自己的「喜悅」，就是更加了解神的「喜悅」。（世間一切都是神，所以自己也是神的一部分。）像這樣，在必然關係下掌握萬事萬物，就是「**在永恆的相下**」（sub specie aeternitatis）看事情，因為人類也是自然（神）的一部分，愛自然也是對於包含自身在內的、對萬物的愛，進而產生「對於神的知性之愛」。斯賓諾莎認為，人類最大的幸福莫過於此。

練習思考

> 假如當時那樣做就好了……

　　跟你說喔，我呢，前陣子買了股票，大約砸了二百萬日圓吧！沒想到瞬間股價暴跌，現在只剩二十萬左右了。我只要想到就覺得後悔，心想要是當時沒玩股票就好了。唉，其他後悔的事還多著呢……根據斯賓諾莎哲學，這位仁兄的想法哪裡有問題？

提示！

他不懂凡事皆為必然，才會懊惱不已，想著假如能重來的話……

解答解說 看透人生吧！不管重來幾次，結果都一樣

　　斯賓諾莎哲學採取決定論立場，所以花時間去想「要是當時○○就好了」，根本沒有意義。「神，或說自然」機械性地產出了世界，因此，世界就像撞球一樣，一切都計算精密地運作著。既然未來早已決定，那麼多餘的後悔也於事無補，所以若能從宇宙的層級來理解「一切都是必然」（「在永恆的相下」看待事情），無謂的煩惱就會消失無蹤。

萊布尼茲
Gottfried Wilhelm Leibniz
歐陸理性主義

> 一切都是預定和諧的，
> 所以沒有問題？

| 國家 德國 | 學說 單子論、預定和諧 | 1646 ～ 1716 |

著作 《單子論》

世界的精巧真了不起

◉世界充滿了能量！

　　萊布尼茲是數學家也是哲學家，不但建構了微分學（比牛頓更早發表），還發明了相當精密的計算機，十足是個天才。話說萊布尼茲對笛卡兒的物體觀非常感興趣，笛卡兒提出的物體觀是指「會展延的東西」（佔據空間之物），物體是三次元的量，僅僅漠然地存在於空間中，唯有加入外力時才會運動（如撞球的球一樣）。

　　但萊布尼茲思考的是：物體難道不能更有活力一點嗎？我們不應該把物體視為幾何學所規定的、三次元的量，而應以「力」（force）來看待。假如物體所擁有的，只是它所佔空間

預定和諧
真討厭！

我們還是
撞衫了！

的量，那麼就可以無限分割才對，一半的一半，再分為一半的
一半……如此永無止盡。因此，萊布尼茲不將物體的終極單位
視為三次元的量，而稱之**單子（monad）**。

　　根據他的理論，世界上的一切都是單子，萬物都是由
「力」所組成的。過去，非物質的東西只能用「精神」一詞來
表現，萊布尼茲也把單子視為「精神」，要是現在，可能會用
能量或波動來表達吧？總之，萊布尼茲很早就預見了物質的深
處蘊藏著不可測、不可解的力量。

●世界是完全預定和諧的

根據萊布尼茲的說法，世界充滿了無數的單子，此外，單子是各自獨立的實體，他用「**單子沒有窗戶**」（不交換情報）來表現，因為全宇宙的資訊都存在每個單子裡了。就像天然礦物只是單純的單子，不具備意識。但動物是有意識、有記憶的單子，而人類則是由會反省、有自覺的單子所組成。意思是說，單子有層次的高低。

話雖如此，但倘若單子作為無數個獨立的實體各自運作，彼此毫無關聯，那麼，物體之間的關係以及心靈與身體的關係，又該如何說明呢？萊布尼茲說這兩者間並無衝突，因為神這個創世者在創造萬物時，已事先對應各個單子的變化與活動，並使彼此同步了。在現代談論開天闢地，恐怕很多人會有違和感吧？那就想成宇宙大爆炸之類也行。那時，全宇宙的資訊都被輸入已成為情報集合體的單子內了，用時鐘來比喻的話，就像是彼此獨立，但所指的時間卻相同。宇宙情報已被事先編制進無數的單子裡了，因此世界的運作是共時性的，所謂無數單子以各自獨立的實體運作著，這樣的話聽起來有些曖昧難解，像是在講科幻故事，但，這就是所謂的「**預定和諧**」。

萊布尼茲指出，**世界是最完整、最和諧、最美麗的存在，完美到沒有任何一樣東西是多餘的**。根據這個論點，發生問題時，就像音樂裡的不協和音[3]一樣，但整體而言都是運作順暢的。

---

3 不協和音：音樂術語。意指同時發出兩個以上、音程不協調的音。

練習思考

> 世界會變得越來越糟糕嗎？

　　未來越來越沒有希望了，還說什麼景氣回升，其實貧富差距愈來愈大。恐怖攻擊、天災人禍，樣樣都叫人怵目驚心。電視上看到的，都是貪污政客的醜聞。少子化與高齡化問題，則是年年惡化。感覺未來也很難會有好事發生，真不知活著有什麼意思。

　　你覺得萊布尼茲可以給他什麼忠告嗎？

提示！

　　只要相信萬物中存在著超越我們想像的力量，就會對世界心存敬畏。

解答解說 壞事就像不和諧的音調

　　看看自己的手錶和別人的手錶，時間完全一致，這是手錶精準的證據，同樣地，車子行走、電腦運作、植物與動物的生長，一切的一切都證明了整個世界是依據完美的系統運作著。所謂的「預定和諧」，就是萬事物皆完善運作的意思，所以這個世上沒有任何東西是多餘的，各自對所屬世界的完整性做出貢獻吧。萊布尼茲說「惡比善少很多很多」，所以就讓我們尋找事物美好的一面吧！

培根

Francis Bacon

英國經驗主義

> 以科學方法
> 整合實驗數據。

國家 英國　　　　學說 歸納法　　　　　　　1561～1626

著作 《新工具論》

學會科學思考吧

◉空調的發明是拜培根所賜？

　　培根是英國文藝復興時期的代表，他的**科學性思考方法**對後來的歐洲自然科學界產生了無法度量的影響。除了科學思考外，他也活躍於文學、政治、法律、歷史等領域，特別在政治方面，詹姆士一世統治時期，他曾歷任掌璽大臣（1617）和大法官（1618），高居一人之下萬人之上的地位。

　　培根不受中古時期老舊傳統的侷限，在文藝復興時代那種**信賴人類理性，側重於探究人與自然關係**的氛圍下，建立了成熟的思想成果。他將陳腐的觀念連根拔除，奠定學術研究的新方法，建構了嶄新的學問體系。

他說：「知識就是力量」。但這並不是說大量的知識可讓你通過資格考之類的，而是掌握了自然法則，就能夠支配自然。個人電腦或智慧型手機，只不過是從某相機公司或某電信公司買來的，既不是使用者自己的發明，一般人也對發明原理一竅不通，然而，擁有技術就能掌握一切效能，對吧！設計IC晶片的人，或開發汽車的人，也一樣擁有該領域豐富的專業知識，這一點是無庸置疑的。

但那些技術並不是這些人發明出來的，也就是說，這些專家繼承了偉大先人的文化遺產和發明技術，使我們能夠享受過往知識的恩澤。因為有冷氣，夏天我們才能過得舒服，說起來這還真是奇蹟呢！而最初想出要去了解自然法則，進而支配自

然（天熱時降溫）的，就是培根這些科學思想家。

●名為歸納法的新觀念

　　將存在自然中的法則汲取出來的方法，稱為「**歸納法**」。
而自然法則得透過各種實驗才能發現，那麼，怎樣才能產生科
學發想呢？培根說，必須去除四種偏見：① **種族偏見**、② **洞穴
偏見**、③ **市場偏見**、④ **劇場偏見**。

①「種族偏見」指的是人類共通性的妄念。例如，「打雷是
　　神明在發脾氣」這種誤解。

②「洞穴偏見」是每個人各自的偏見，因受到性格與過往教
　　育的影響，所帶來的偏見。

③「市場偏見」指語言及文字使用不當的偏見，也就是語言
　　及名稱謬誤造成的思考偏頗。

④「劇場偏見」是對權威學說的囫圇吞棗，好比看戲的人，
　　誤把戲裡演的當做真的一樣。因此，切莫把學校老師教的
　　照單全收，而是要懷疑：「這會不會是『劇場偏見』
　　呢？」

　　就這樣，剔除四大偏見，應用科學思考法，使培根意識
到：新科技具有革命性的力量。因此，我們才能蒙受其
惠，每天都過著便利的生活。

練習思考

> ## 現代人的生活真方便呢！

某人善用雲端技術來整合平板和個人電腦，以提升企業的營運效率。移動靠的是汽車，有導航就暢行無阻；他在高速公路上任意穿梭，晚上投宿豪華飯店；透過船隻與飛機，享用世界各地高級食材精製而成的美食。突然間他意識到：「學生時代學的數學和物理，對我的工作一點用處也沒有嘛！」

從培根的角度來看，這人的可笑之處在哪兒？

 提示！

世間的各種物品，都是根據自然科學的法則製作而成的，但大多數人都忘了這些便利都是科學的恩惠。

解答解說 那並不是你自己做的唷！

現代人變得越來越傲慢了，生活所及盡是由理科知識製成的人工物品，而文組人很愛說數學、物理、化學那些知識毫無用處，卻理所當然地使用著智慧型手機、個人電腦，用化學製成的藥品、牙膏、清潔劑，穿著化學纖維的服裝。我們回顧歷史，就能知道這些思想家傳播了科學方法，科學家才進一步開發科學技術。人類社會應該以科學思想為基礎，投入更多科學教育，培養年輕的科學家，如此才有光明的未來。

洛克

John Locke

英國經驗主義

> 人出生時，
> 內心如同全新的白紙。

國家 英國	學說 經驗、觀念、認識		1632 ～ 1704
著作《政府論》《人類悟性論》			

思考所謂「認識」的意義

◉認識論哲學的源頭

　　1673 年冬天，洛克與朋友聚在房裡展開複雜的辯論，他們討論神是什麼？何謂信仰？是否有人人都能認同的道德等議題。此時洛克卻說，做再多的哲學討論，但**若不知道議論者本身的知識程度，就沒有意義**，所以在談論神和道德之前應該先做的，就是仔細思量人的能力。「人類的認知具有怎樣的組織結構？」這就是**認識論**的起源。

　　笛卡兒認為，人與生俱來就擁有一定程度的知識（**天賦人權**），也就是萬人認同的普遍知識（原理）。相對地，洛克卻認為沒有與生俱來的道德原理。

　並非只要在神的世界裡，「正義」的概念就固定不變，事實上，正義會因時代變遷與社會差異而有所不同。換句話說，可通行於各個時代和國家的正義並不存在。當然，洛克並沒有否定神與道德的意義，他只是說，必須依據人的知性來理解。

　洛克認為我們的知識是由**觀念**形成的，觀念是思考時浮現於腦中的事物（也就是意識的內容），桌子的觀念、椅子的觀念等等，都存在腦袋裡。但它出自於曾經看過或碰過的經驗，因此我們的內在，最初就如同一張**白紙**（tabula rasa）⁴，是經驗為它提供了觀念和記號。

4　白紙：英文：theory of tabula rasa. 而 Tabula rasa 的原意是拉丁文的白板。意指人類生來並不具備內在或天生的心智，一切知識都來自後天的感官與經驗。

◉人，有選擇的自由

洛克認為，不管物體處於何種狀態，形狀、固體性、展延、運動、靜止等觀念，都不能與該物體分割，例如，當我們思考足球這個物體時，即包含了足球的形狀、展延、運動、靜止等觀念。

洛克將展現物體的原初性質，稱為「**初性**」，另一方面，顏色、聲音、香氣、冷暖、軟硬等觀念，則是人所感知到的東西，並非物體原本的質性，故洛克命名為「**次性**」。

洛克說，「初性」實際存在物體之中，「次性」則是唯有人類才能感受的東西，不能視為物體的本質。洛克用火來說明，暖爐的火令人溫暖，但太靠近卻會燙傷，火的本身並沒有改變，問題出在人的感覺。

話說，各種觀念都會變成物質欲望，例如，對於燒肉的觀念，會連結到想吃的欲求，也就是說，物質的概念會影響心理。此外，即便一直有想吃燒肉吃到飽的欲望，**人類還是會透過自省來克制欲望**。能控制欲望，便可發現自發性，於是產生了「自由觀念」。動物依本能行動，人類卻有能力對下一個行為做抉擇，這就是洛克說的「**自由觀念**」，因此人類能自由地創造未來。

練習思考

千錯萬錯，都是別人的錯！

學生A君不滿自己的出生環境，對父母不滿，對學校老師不滿，每天都是不滿的集合體，他甚至說「這是個莫名其妙的世界。」他認為自己的不幸全都是外界事物的錯，假如環境好一點，自己的人生就會不同了。唉，我真是身不由己啊！

A君的想法在洛克來看，哪裡不對勁？

提示！

外界事物並非決定一切的原因，有一半是自己造成的，所以要反求諸己。

解答解說 學會正面積極的自由哲學

有學生不滿學校老師教法拙劣，害得自己成績不好。但是，吸收學問與老師教學方法的是自己，當資訊從外在世界進來時，人可以對內心的觀念做出取捨。不要機械性地對來自外界的作用做出反應，應當保持適當距離，選擇後再下決定，這就是人類的「自由觀念」。

柏克萊

George Berkeley

英國經驗主義

> 物質是資訊的集合，世界是虛擬的空間。

| 國家 | 愛爾蘭 | 學說 | 知覺、觀念論 | 1685 ～ 1753 |

著作 《人類知識原理》

其實物質存在於心中？

◉真有一個包圍著自己的世界嗎？

柏克萊是一位牧師兼哲學家，他主張並無明確證據顯示外界有物質的存在。因為，物體雖然有顏色、佔據空間等性質，但必須被感知，才會給我們「存在」的感覺。因此，顏色、形狀等視覺資訊，堅硬、柔軟的觸覺感受，甚至氣味等的訊息，都必須讓我們的心靈接收到，假想世界才能成立。

柏克萊主張：一切感覺的實體，都只存在於能覺知到它存在的人的心裡，所以我們完全不必追求超越感覺、存在於外界的事物。「當我說：『我用來寫作的桌子是存在的。』那是因為我能看到它、觸摸它，所以即使我離開書房，也會說裡面有

桌子。因為假如我在裡面的話，就能感知到它的存在。換言之，在現實中有另一個精神感知到這張書桌。有氣味，意思是它被聞到了；有聲音，指的是它被聽見了，所謂事物的存在，是由於他們被感知的緣故。但是，它們在心靈之外，亦即在可感知事物的『思考者』以外，都是不可能存在的。」（引自《人類知識原理》）承上所言，任何事物只要離開「被感知」的狀態，都不可能「存在」，所以，我們眼前所堅信的真實世界，只是個虛擬空間而已。柏克萊說：「**存在即是被感知。**」根據這個哲學理念來看，我們的世界就像電影《駭客任務》一樣，而我們活在虛擬的世界。

那麼，這世上建構我們的諸多訊息，是從哪裡發送而來的呢？柏克萊認為，創造這個假想空間的並非人類，假如人有能力創造虛擬現實，應該會按自己的希望去做，飛天遁地、無所不能。但事實上，人類無法隨心所欲，只能在物理法則的範圍內移動。

　　因此，在世界的根柢，必然有一個巨大、如伺服器般的東西才對。而向我們生存的世界傳輸訊息的，究竟是何方神聖？他認為，肯定不是有限的人類，而是一種無限的精神，亦即創造萬物（當然包含人類精神）的某種巨大系統，**該系統如同電視台，不斷向人類傳輸祂所建構的假想現實。**

　　柏克萊是基督教會的牧師，也依傳統觀念將這種系統稱之為「神」，神時時把感覺性的觀念資訊傳遞到我們的精神之中，透過祂這部巨大伺服器所傳遞的各種感覺性觀念媒介，可使我們與他人相互交換訊息。這觀念不可隨便囫圇吞棗，但是假使我們能理解這世界並非原原本本的存在，而是一個情報空間的集合，或許就某種意義來說，就能解釋為虛擬空間。

練習思考

> 眼前有東西是理所當然的嗎？

　　以科學角度來思考，大腦所接收到的情報，是由存在於外部的物質傳遞而來的。因此，我們理解的外在世界，和我們的理解之間，並無絲毫的差異；它就原原本本地存在那裡，例如，即使人沒看見馬克杯，但它還是有其形狀、顏色，這是理所當然的想法。然而，若以柏克萊的理論來看，這觀念哪裡有問題？

 提示！

真的有人能完全理解外界物質嗎？

解答解說 或許這世界只是個假想空間

　　現代美國哲學家普特南[5]曾提出一個名為「桶中之腦」的思想實驗：科學家把某人的腦摘出，放入注滿培養液的水槽裡，接著將腦的神經細胞與電腦連結。於是，與現實世界完全相同的數據就傳輸進水槽之腦裡了，但腦的本身並沒發現自己在水槽內，假如我們生存的世界也和這個巨大的系統類似的話……附帶一提，上述問題文章的思考方式，是稱為「樸素實在論」的古典思想，說明人類是無法完整掌握外部世界的。

5　普特南：Hilary Whitehall Putnam，1926-2016，美國哲學家、數學家與計算機科學家。

休謨

David Hume

英國經驗主義・懷疑論

> 因果關係只是一廂情願，其實我們無法預知未來？

國家 英國	學說 因果論的否定	1711～1776

著作 《人性論》

為什麼知道「球丟出去就會飛」？

◉既無自我，也無因果

　　經驗論對人的知覺和觀念進行了深度考察，於是開始對我們視為理所當然、確實存在的外部世界感到懷疑。休謨把出現在人心中的一切知覺，分為「印象」和「觀念」。「印象」的現實感較強，而「觀念」比較不鮮明，吃香蕉時的現實感是「印象」，而覺得「啊，我吃了香蕉耶」，則稱作「觀念」。

　　因此，人所經驗到的印象會變成觀念，例如投了球，球飛出去（原因與結果）的因果關係，就是「投球」和「飛出去」兩者以觀念結合的結果。當我們多次經驗到兩個事項的結合時，「觀念」就形成了。人們會傾向認為這兩個事項的「觀

念」之間，存在著必然關係（**必然的連結**）。但**因果關係**只代表經驗得到人們的信服而已，其實並不存在。休謨說，「原因」與「結果」的觀念，只代表經驗的連結。

　　一般來說，牛頓力學被視為宇宙法則，是一個原本就存在的前提，所以球丟出去就會往前飛。但休謨的看法不同，他認為孩提時代起我們就不斷重複著投球之後，球就會飛出去的經驗。久而久之就讓「球」和「飛出去」的觀念互相結合，後來我們只不過是相信了「投球就會飛出去」的因果律而已。這可說是非常不合常識的想法吧？假如因果律只是一種信念，那麼牛頓力學也只具有經驗上的正確性。（也就是說，即便再丟一次球，也沒有證據表示球一定會飛出去。）

◉外在世界與因果關係都不可信

休謨主張數學等各項科學都是「直接的，乃至論證上的確實」，令人存疑的是與其他「事實」相關的知識。很多學問若都依附於經驗，那麼就是概略性的（看起來像是……），多半只是假設而已。

於是，休謨否定了外界的存在以及因果關係、伴隨著經驗所形成的知識，進而也開始懷疑所謂的「心靈」，認為並沒有「心靈」這個存在於某處的實體，有的只是感覺而已。而被稱為「自我」的東西，只是各種「感覺的集合」，它們以意想不到的速度繼起更迭，不斷變化運作著。

所以，若把「因果法則」、「外界」、「心（自我）＝實體」全部除去，那笛卡兒所提倡的歐陸理性主義哲學就等於全盤被否定了，因為該學問建構在合理的推論上，這下子卻全都變成虛構的。

當然，休謨也不是整天都在懷疑外在世界的存在，他說：「當我離開書桌，要走出書房的瞬間，一切疑慮就都消失了。」這就像哲學世界裡的「思考實驗」一樣，當我們開始發展經驗論的理念，就會變成這樣。第一位對人們深信不疑的「因果律」提出反駁的哲學家，就是休謨。

練習思考

> ### 何謂毫無根據便信以為真的因果關係？

　　我很喜歡命理，早上看電視血型分析，說今天B型運勢最好，我剛好就是B型，幸運物是燒肉和貓咪布偶，那麼今天午餐就吃燒肉吧！包包上掛隻小貓飾品再去上班……唉呀，怎麼搞的？今天不但遲到，工作也失誤連連，甚至被男友甩了！真是禍不單行呀！怎麼會這樣？

　　根據休謨理論來看，她的想法哪裡荒謬？

提示！

　　我們常在不知不覺間，把獨立發生的事情聯想、串聯在一起，認為彼此有著因果關係。

解答解說 所謂的因果關係，只是信念而已

　　假如買黃色的長皮夾，就會賺大錢，這種說法只不過是把「黃色長皮夾」的觀念和「會賺大錢」的觀念，透過聯想結合在一起罷了。休謨認為，即使是物理法則，也只是因為大家暫時沒有發現矛盾便信以為真而已，我們日常生活中深信不疑的因果關係，或許根本是妄想。我們有必要對「讀這套英語教材，英語一定會進步」、「這方法能讓你變成億萬富翁」這類具有因果關係的說法，抱持懷疑的態度。

巴斯卡

Blaise Pascal

道德家

> 人是會思考的蘆葦，所以比宇宙還偉大。

國家 法國	學說 思考的蘆葦、中間者	1623 ～ 1662
著作 《沉思錄》		

身為中間者的人類會搖擺不定

◉「我不原諒笛卡兒！」

巴斯卡出生於法國南部的克萊蒙，是稅務法院院長的長子，他在學術研究上極為早慧，16 歲就寫了《圓錐曲線論》，18 歲發明出可以運行加減的計算器，正如巴斯卡[6]一詞所示，他完全就是個是理科天才，此外他也有虔誠的基督宗教信仰，《沉思錄》他的宗教思想之作。

巴斯卡曾論及兩種精神層次，即「**幾何學精神**」與「**纖細心智**」。「幾何學精神」源自笛卡兒，簡而言之，就是指世界

---

6 巴斯卡：此指以巴斯卡命名的國際單位制（SI）之壓強單位，簡稱帕（Pa, Pascal），等於一牛頓每平方米。

是種機械性的裝置；而「纖細心智」意指人類具有宗教情懷。

　　巴斯卡否定笛卡兒的機械論世界觀，「我無法原諒笛卡兒，他的哲學完全漠視了神的存在。為了世界的運作，他必須讓神彈指一動，但利用完了，就把神一腳踢開。」這裡的「彈指一動」，就是宇宙大爆炸之類的概念。

　　笛卡兒認為神創造世界，賜予物體運作的力量之後，世界就像彼此撞擊的撞球一般機械性地運動。巴斯卡對於以幾何學精神所描繪的世界感到恐懼顫慄，因為它完全對人生的目的、意義與價值完全避而不談，是一個永遠沉默的無限空間。因為無法安住於如此冰冷的世界，所以他以「心情邏輯」為基礎，向內追求能直接感應的神，更指出光靠理性無法掌握整個世

界，知道「愛的秩序」是有必要的。

◉「人是思考的蘆葦」所指為何？

巴斯卡對人類的悲慘和偉大做了仔細的觀察，指出我們處於自然與神之間，並進而對做神出討論。《沉思錄》由「人類論」與「宗教論」兩部分構成，根據他的看法，人位於無限的中間，和廣大的自然比起來，人類「漂泊一隅，幾乎渺小到無」，「但若和一隻壁蝨相較，人的身體卻是巨大的世界。」以無限來看人類等於無，但相對於無，人類又是全部，亦即處於無和全體之間。

巴斯卡認為，人是由無限和無這兩個深淵所支撐，是一種不安的存在。「要殺死渺小的人類，不需要整個宇宙武裝起來，只需一陣風，一滴水就足夠。」（《沉思錄》）。

即便如此，人卻比那些能殺死自己的東西高貴多了，他說因為「宇宙利用空間把我包圍，我卻依賴思維包圍宇宙。」人是「思考的蘆葦」，知道自身既渺小、又悲慘，就這一點來說是偉大的。人很脆弱，如同一折就斷的蘆葦，但因為會思考而能包含整個宇宙，故人類是既渺小又巨大的存在。而且巴斯卡認為，人類不管再悲慘，都有努力提升自己的意願。但他也提出以下告誡：一不小心，人就會陷入想要「得過且過」的心態，不知不覺就將注意力從自我省思中轉移開來，其實這是在浪費我們所擁有的能力，所以我們應該以思考為優先！

> ## 人類太渺小了，生命沒有意義？

反正這個世上也沒有人在乎我，對世界而言，我只是一粒塵土。沒錯！我真的非常渺小，人的一生一眨眼就結束了。但往天上看，卻是無窮無盡，真不知活著有什麼意義。唉，要是不靠打電動、喝喝酒來解悶散心，實在過不下去了。

從巴斯卡的觀點來看，這個人的想法錯在哪裡？

提示！

人類確實很渺小，即使深刻體認到自身有如蘆葦般虛無，但一轉念又能包容整個宇宙，唯一方法就是「思考」。

解答解說 「開心就好」的想法使人變得卑賤

人類兼具邏輯性、鋒利的一面（幾何學的精神）和柔軟、情感性的一面（纖細的心智），無法靠道理隨便判斷的就是人，會意志消沉、會感到不安，也是人之所以為人的證明，因此別藉由得過且過、隨性度日的態度蒙混過去，應該透過「思考」來保有人性的尊嚴。若遇到困難就想「解悶散心」，等於證明「自己沒有用」，「解悶散心」固然可能忘卻一切，卻無法解決問題。選擇做哲學性「思考」，正視人生的課題，至少不會迷失自己。

盧梭

Jean-Jacques Rousseau

啟蒙思想

> ## 要創造一個人人都能參與的理想社會！

國家 法國	學說 社會契約、一般意志	1712～1778

著作《論人類不平等的起源與基礎》《社會契約論》《愛彌兒》

回歸平等的自然狀態吧！

◉正是不平等害了我們

　　盧梭認為人性本善，但社會造成的不平等狀態進而腐化了人性，所以為了讓人類回復原本無垢的本性，必須進行社會與認知的改革，此時需要的是新式教育，所以盧梭也談論教育的問題。

　　根據盧梭的理論，過去處於**自然狀態**下的自然人，享受了充分的自由、平等與獨立，所以我們也必須依據自由、平等、獨立的社會契約來建設國家。《社會契約論》中**基本人權**、**主權在民**、**抵抗權**、**自由與平等**之類的思想，為近代的市民社會帶來了重大影響。

用智慧型
手機投票,
結果一致通過。

　　盧梭說,**自然人(原始人)**在樹下果腹,靠附近小河解渴,他們是幸福的未開化人。在這素樸的自然生活中,除了生理上的不平等,他們並不會感受到社會性的不平等,而能維持完全的自由平等,並且也沒有人際關係與社會問題等麻煩。因為他們缺少了知性上的開發,故性格平穩,常對他人懷有「<mark>悲天憫人之情</mark>」與「<mark>保護自身安全之心</mark>」,是非常樸素的人群。

　　然而,某一天有人開始圈地為王,宣稱「這裡是我的」,於是私有財產制出現,所以需要他人的勞動力,進而萌生奴隸制度、貧困、不幸和悖德之事,而當欲望和野心受到刺激,又演變成暴力與爭奪、支配和反抗不斷循環的可怕世界。根據盧梭的理論來看,**私有財產制**正是萬惡的根源。

◉人生而自由，卻無時無刻不處於枷鎖中

《社會契約論》中提到：「人生而自由，但現今所到之處，盡是枷鎖。」這裡寫的是現代社會已面目全非，我們該如何回到過去的正常狀態呢？

盧梭理論提到建立一個優良政府的必要性，它必須能夠保障個人自由，建立一個沒有服從關係的國家，人類做為自由、平等、獨立的主體，必須建構一個彼此合意，以自由的**社會契約為基礎的國家**。若能認知到「人與人之間是相互連結，你只需要服從自己」，那麼平等和自由的社會就能實現。

在新的自由國家，掌握主權者的是人民，而政治是依據「**普遍意志**」來運作的，也就是那些結集了全體人民的意志。但這只是各種個別意志的集結而已，還必須以共同利益為目標，並且獲得所有人認同的「普遍意志」，才是理想的狀態。**政府是以主權者人民的「共同意志」為基礎而執政**，所以人民必須時常監督政府的作為；此外，盧梭也主張人民應該能自由地任命與罷免政府官員。

盧梭也否定了代議制，他認為全民參政的直接民主制是最理想的。但這在現實層面是有難度的，話雖如此，隨著當今網路社會的發達，將來也許有機會直接用智慧型手機來投票呢！

練習思考

貧富差距是理所當然的嗎？

我們活在資本主義社會，努力就能獲得相應的報酬，怠惰的人就兩手空空。而且，要是這些報酬能變成自己的東西，就會更有幹勁，假如努力成果若被國家奪去，工作就沒有意義了。私有財產制連結著人的生存意願，因此會有貧富差距是理所當然的啊。

要是盧梭，會認為這種想法有問題嗎？

💡 提示！

我們是否應該更全面地思考一下，這個社會體制為什麼會產生成功者與失敗者？

解答解說 努力建構一個人人都能接受的社會！

根據盧梭的看法，以追求個人利益為優先的社會，會產生不平等的現象，所以必須尊重人人認可的共同意志（普遍意志），如果瘋狂追求利益，只會擴大貧富差距，社會不可能變好。此外，隨著私有財產的增加，人民也會擔心自己的財產會被奪走，以國家層級來思考，最糟的情況甚至會引發戰爭。因此，為了找出造成貧富差距的原因並盡力修正問題，我們有必要重新省視盧梭的理論。

康德

Immanuel Kant

道德哲學・理性批判

> 能自我控制，
> 才是真正的自由。

國家 德國	學說	理性、 定言令式（categorical imperative）	1724 ～ 1804

著作 《純粹理性批判》《實踐理性批判》《判斷力批判》

心中呼喊著：「你應該這麼做！」

◉理解與不解之間的界線

　　過分理性，就會發生異常的事，是謂「**二律背反**」（Antinomy）。二律背反意指兩個看似都正確的主張，結論卻正好相反，例如「宇宙有盡頭，宇宙沒有盡頭」和「神存在，神不存在」等等。康德認為，無法親身體驗的事物只能在腦中思考，在不斷地反覆和空轉下，導致答案的分歧。

　　因此，康德闡明人類的認知作用，會在可理解的領域和無法理解的領域畫出一條界線，人在認知某件事的時候，會經歷以下這樣的階段。首先，透過「**感性**」與對象接觸，這個對象透過「**悟性**」（像是整理、整頓之類的能力）而被認知，「**理**

你聽到的太晚了吧……

我聽到「不可以吃這個蛋糕」的定言令式耶！

性」將此統整後，建立規範。舉例來說，感覺到外界有某種東西在動（感性），便會產生「是貓在叫」或「啊，那是花貓吧」（悟性）的認識，即使後來發現是和花貓略有不同的美國短毛貓或俄羅斯藍貓，但至少對於「貓」的理解是正確的（能夠理解，是因為理性的力量使概念普遍化）。這裡的理解並非直接用相機去拍攝貓，而是藉由腦中宛如「貓的濾鏡」之類的東西，建構正確的認識。因此，根據康德的看法，**客觀是主觀作用形構而成**，他在思想界掀起了一場哥白尼革命[7]。

貓在人類的經驗範圍內，因此能夠理解。但是，宇宙邊際、神、死後世界……這類問題就超越了可經驗的範圍，可是

7　哥白尼革命：以前認為是人去認識外在事物，但自康德開始，外在事物是基於人的認識能力才存在。

人類仍然會想要思考那些不可經驗的事物。根據康德對理性的分類，他認為神、靈魂、自由、宇宙盡頭、物質的最小單位這些東西，光靠思考是無法得出結論的（即使再努力想也想不明白）。

至此介紹的是康德著作《純粹理性批判》中，對於認識的討論（理論理性＝認識的結構）。

◉放縱欲望，並非活得更自由？

接著，康德在其著作《實踐理性批判》裡，展開對壓抑欲望之理性（實踐理性）的討論，通常我們會認為，能自在地滿足欲望就是「自由」，但康德所說的「自由」，卻是要能夠自我控制。來看「若A 就B」（假言令式）這個概念吧！「假如要減肥，就不能吃過量」這種有附加條件的命令，力量是很微弱的。但「無條件地行使B」（定言令式），如「就是不准吃過量」（生活務必要規律）這個命令傳遞到心裡面，能自我節制的話，才是真正的「自由」（因為可自由調節熱量）。

換句話說，**人類要能不受自身欲望的左右，行使符合道德命令（定言令式）的行為，才能獲得真正的自由。**所謂道德自由（自律），就是不受任何權威與他律的拘束，自行規定如何實踐生活，而這正是人類尊嚴的所在。人總是被物理法則五花大綁，就某個程度上來說是不自由的，只有每次在內心聽到「你應該這麼做」這種超越物理法則的道德呼喊時，才會真正得到自由。

練習思考

九十分鐘，燒肉吃到飽真是過癮！

我和家人最愛燒肉吃到飽了，那根本是在和時間對戰嘛！不火速狂吃怎麼行？而且，一定要在滿腹中樞受到刺激之前多塞一點，否則很容易就會吃不下了！甜點也是吃到飽，所以還要留點肚子給它。牛腹肉、牛舌、牛五花等部位，全都任君選擇，實在太棒了，好自由喔！

若從康德哲學來看，這個人哪裡有問題？

💡 提示！

一般都認為，欲望得到滿足就是自由，其實被欲望控制才不自由呢！

解答解說 學會自我掌控

肚子餓了所以想吃很多，這就是被「若A 就B」的假言令式控制，受欲望支配才不自由。但是，若能自發性要求自己遵照「你應該無條件地～」（定言令式），就可翻轉成支配欲望的那一方，遵守「無條件吃八分飽」的道德命令，便可自律地生活，有點像運動後的充實感。搞不好康德的哲學思想還能用來減肥呢。

黑格爾

Georg Wilhelm Friedrich Hegel

德國觀念論

> 因為有矛盾，
> 才能趨近真實。

| 國家 德國 | 學說 辯證法、歷史哲學 | 1770 ～ 1831 |

著作 《精神現象學》

「辯證法」讓你萬事有解

◉因為有障礙才能向前邁進

　　黑格爾並不認為出問題是壞事，從宇宙的結構來看，問題是必然會發生的，因為被否定，才會發現新的面向。對立帶來變化，矛盾才能向前邁進，不好的事只是人生必經的過程。

　　像這樣，事物在矛盾、對立中向前邁進的宇宙法則，黑格爾稱為「辯證法」。往前邁進和發生矛盾是成雙成對的，遇到障礙是往更高處攀升的必經之路。根據他的理論，辯證法能讓人類有能力掌握思考模式，以及世界存在的一切方式。辯證法的公式說明如下：① 安定的階段（正／自在）、② 暴露矛盾的階段（反／自為）、③ 矛盾解除、向上提升、狀況保持的階段

糟了！
要打雷了！

小偷　　雷爸

（合／自在並自為）。例如①鬆軟的肌肉（正／自在）會因為在②健身俱樂部重訓（反／自為）而③變得結實有力（合／自在並自為）。另外，①覺得目前的成績不佳（正／自在）②於是辛苦地準備考試（反／自為）③成績終於進步了（合／自在並自為）。感冒是身體的免疫系統在抵抗，這是辯證法的運作；父親工作能力不佳被上司破口大罵，這也是一種辯證法。

就這樣，辯證法存在世上各個角落，假如遇到每個困難都介意，便會覺得很苦惱。但若能站在俯瞰的角度，就會發現整體都按照法則，順利進行著。

進一步來說，學習黑格爾哲學，知識便會以辯證法的方式向上提升，最終了解一切，這個狀態稱為「達到絕對的知」；

也就是說，那是神的全知智慧，因此自身也能達到神（絕對精神）的境界。這也代表，人類原是尚未甦醒的神，只要努力學習，就能成為覺知的神，以上的論點，是我個人在此的補充……

●讓歷史往好的方向發展的法則

人會想要將自己的內在表現於外（例如發明或設計等等），那些表現方式也採取了辯證法的模式。宇宙似乎也偏好自我表現，因此發展成可見的「歷史」，歷史也以辯證法往前邁進。①原本安定的時代、②突然有矛盾衝擊、③瞬間進入嶄新的時代，歷史是為了實現自由才發展而成的，順序是「古東方」→「古希臘」→「日耳曼世界」。

一開始，只有國王擁有自由，後來越來越多人變自由了，就像日本江戶時代的士農工商的階級漸漸消弭，變成四民平等的社會，民主主義進而發展起來……黑格爾的觀念是「理性支配歷史」，縱然歷史有許多負面要素，但仍會以辯證法的模式回歸完美的狀態。黑格爾是一位闡明歷史自有其法則的哲學家，他偉大的哲學思想發展成極致之美，後來受到各種不同的詮釋，遂發展成現代哲學。

練習思考

> 切莫對新產品趨之若鶩……

　　我覺得人不能被不斷推陳出新的個人電腦或智慧型手機所吸引，這些機器功能越變越複雜，問題也層出不窮。新產品持續上市，過去的東西都不能用了，感覺好像詐騙！有問題要解決時也聯絡不上客服中心，我絕不會再買新型平板電腦那些鬼東西了！

　　從黑格爾的觀念來看，這個人哪裡怪怪的？

提示！

　　發生矛盾、解決問題，然後又往前邁進，這就是宇宙的法則。只要有這個法則的存在，新產品就會持續不斷上市，所以只能接受，不是嗎？

解答解說 人生不可能沒有矛盾

　　人類為什麼可以不學習？這實在是個大哉問。在原始人階段，只要活得下去就行了。但宇宙法則並不允許如此，原本安定的階段產生矛盾，就會向更高階的層次突進，世上沒人可以逃脫這個模式，所以不求進步就是退步。在未來的世界裡，「知識」更會加速奔馳，新產品源源不斷地被開發，我們必須理解：生存就是一場辯證法，快拿起使用說明書，跟上潮流吧！

叔本華

Arthur Schopenhauer

德國觀念論

> 只有這個方法
> 能超越人生的痛苦。

國家 德國　　　　學說 生存的意志　　　　1788 ～ 1860

著作 《作為意志與表象的世界》

人生除了痛苦，什麼都不是

◉人類被形容成「想要～」的動物

　　叔本華認為世界深處存在著「想要活下去」的根本「**意志**」，它存在於我們的感覺無法捕捉的地方，但是五官就容易感受出來。舉例來說，「眼睛」是「想看」的意志被**現象化（客觀化）**之後的結果；因為「想聞」的意志而產生「鼻子」；而「想吃」變成「嘴巴」；「想走」變為「腳」。

　　這是以人體為例，若觀察其他的一切動植物，也會發現都是基於「想要～」的意志，而具象化表現出來的。植物張開葉片，是想要行光合作用；蜘蛛結網，是為了捕捉獵物；貓的鬍鬚是感應器，能讓牠在狹窄的地方也很安全。於是我們了解

到：所有的生命都有意志，並會具象化為各自的生命型態。然而，從這裡開始，叔本華卻進入晦暗的話題。

他說，這是為了「**盲目的求生意志**」，生物只是為了活下去而活著而已，缺乏任何目的或目標。動物這樣也就算了，偏偏人也是如此，那就麻煩了。只為求生而活的人生，一點意義也沒有，如此的人生，只為滿足無限衍生的欲望。進而，當世上的欲望彼此碰撞，就會發生鬥爭、戰爭。

意志是無限欲求的存在，但現象界（現實），卻是某種物理性的、有限度的世界，因此欲望永遠無法得到真正的滿足。 假如想追求的東西無止盡，但最終什麼也得不到，那麼人生的本質就是苦惱，一切努力終歸徒勞。

◉唯有進入覺悟的境界？

叔本華是德國人，卻喜好印度哲學，所以他提出的解決方法是印度式的覺悟。所有的個體（人類、動植物與其他物質）都是欲望的意志表現，消除意志，便能從痛苦中解脫。

首先，要重視「同情」，目睹素不相識者的痛苦時，立刻產生的情感稱為「同情」，是一種認同他者求生意志的情感，這是種捨棄利己主義，轉而採取「利他主義」的態度，如此痛苦便可稍微緩解。他還進一步提出，音樂、繪畫等藝術，都具有舒緩痛苦的療效。

話雖如此，根據叔本華的理念，這些方法與鎮定劑無異，不是根本的解決之道。若想徹底解決，只有否定意志才行。他認為唯有否定生存的意志，也就是「禁慾」，才是痛苦的解脫之道。

中止你的意志，時時自我警戒「不可執著」，並在內心深處確認自己對一切事物保持無感。據說透過禁慾之苦，方能臻至解脫之境，一般認為這種說法很接近佛教的涅槃。

練習思考

要等到何時才能幸福？

今天是期待已久的禮拜天。但到了傍晚時分，當電視節目的主題曲開始播放後，我就開始憂鬱了，明天又得去上班了，放假前明明那麼雀躍的……為何快樂的事物總是這樣短暫呢？不過，永遠幸福的時光，總有一天會來吧！嗯，就這樣繼續努力，直到下次放假吧！

就叔本華哲學來看，這種觀念的謬誤何在？

💡 提示！

欲望是永無止盡的，滿足了一個，下一個又接著來，要如何斬斷無限連鎖的欲望呢？

解答解說 要有「人生是苦惱的連鎖」的覺悟

哪有「總有一天人生會變輕鬆」這種事，只有死掉的那一天吧。別傻了！人生就是「想要～」的循環，滿足了一個欲望，就一定會產生下一個，所以人是永遠無法獲得滿足的，就算能，也不過是一瞬間而已。既然如此，一開始就不要期待太高比較好，要覺悟人生有如無限循環的痛苦地獄，如此一來，心情反而會比較愉快，會開始懂得節制，不再焦躁。將悲觀主義發展到極致，反而能夠就此解脫，人生也會變得幸福，不如享受痛苦吧！

Q 每個人的「觀念」
都不一樣，不是嗎？

A 「因人而異」這件事本身就是一種哲學（稱為相對主義），有人會說：「每個人都有自己的意見，不要強迫大家接受單一的觀念，我就是我！」但這樣又會出現漠視社會規範的人。因此又要補充：「但還是要遵守共通法則喔！」但這麼一來，又是強迫人們接受單一想法……

此外，因為說出「每個人的想法都不一樣」的那位，也屬於眾多不一樣的人之一，於是便又反思：「我既然說『每個人的想法都不一樣』，那就不能不認同『想法只有一個』這種意見也是成立的了。咦？但這樣下去，不就沒完沒了了嗎？」於是討論會陷入像上面這樣的無限循環，很麻煩，所以還是不要斬釘截鐵地說「每個人的想法都不一樣」比較好。

Chapter **3**

現代①～存在主義、
現象學、社會主義

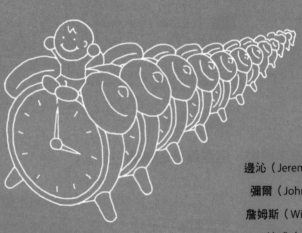

邊沁（Jeremy Bentham）

彌爾（John Stuart Mill）

詹姆斯（William James）

杜威（John Dewey）

馬克思（Karl Heinrich Marx）

齊克果（Søren Aabye Kierkegaard）

尼采（Friedrich Wilhelm Nietzsche）

胡塞爾（Edmund Gustav Albrecht Husserl）

海德格（Martin Heidegger）

雅斯培（Karl Jaspers）

沙特（Jean-Paul Sartre）

梅洛‧龐蒂（Maurice Merleau-Ponty）

列維納斯（Emmanuel Lévinas）

阿蘭（Alain（Emile-Auguste Chartier））

邊沁

Jeremy Bentham

效益主義的計算

> 計算快樂的量，能達到最大量就是最好。

國家 英國	學說 效益主義（Utilitarianism）	1748 ～ 1832
著作 《道德與立法原理導論》		

如何謀求最大多數者的最大幸福？

◉人是追求快樂，逃避痛苦的動物

邊沁主張「自然把人類置於快樂與痛苦這兩個主權者的支配之下」，這代表當我們下決定時，其實只是在決定快樂和痛苦。確實如此，人類的行動基本上都以**追求快樂，逃避痛苦**為基準。

他進一步將幸福與善德、不幸與悖德結合起來，所以追求快樂，避免痛苦，就成為道德善惡的基準。此外，他也主張，在結果發生前，並無事先規範行為的理性原理與自然法則（結果論），這種說法徹底顛覆了過去的哲學理念（英國哲學的傾向與德國哲學的動機論等概念相反。）

　　邊沁哲學主要適用於個人行動，但也可應用在社會政策上，刑罰之苦所帶來的恐懼對於遏止犯罪特別有效，當然也有試圖引起當事人內心反省的制裁（如宗教制裁或道德制裁）。**但邊沁重視的是施予刑罰之苦的法律制裁**，為了抑制有害行為，必須抵銷有害行為所帶來的快感，因此施予痛苦刑罰的法律體系是有其必要的。

●量化快樂的程度，能使社會變得更好

　　邊沁把社會視為個人的集合體，認為若能盡量增加個人的幸福感，社會也會跟著變好。因此，他想出「七個指標」來量化快樂的最大程度，稱為**快樂計算**，可區分如下。

① **強度**：快感有多強烈？
② **延續性**：可持續多久？
③ **確定與否**：感覺有多確實？
④ **時間遠近度**：能以多快的速度獲得？
⑤ **產度**：可帶出多少其他的快樂？
⑥ **純度**：快樂中是否包含了痛苦？
⑦ **影響範圍**：能夠影響多少人？

例如，若要在某地蓋一間購物商場，固然能帶給人們樂趣，但當地長久以來的商店街卻將蒙受其害。此外，要是能立刻興建還好，萬一拖個五十年（對啦，這是極端之例）才能完工，那「快樂值」就是負的了，而且還必須考慮地點的條件等問題。所以，每件事都應該在計算之後，以「**最大多數者的最大幸福**」為目標。

在下判斷時，我們有時會選擇重視事物本身的價值，或是行為產生的結果。以目的為優先的思想是「結果主義」，相反地，像效益主義那樣，以結果優先的思想則稱為「**結果主義**」。

康德（參照第102頁）是義務主義者，但若經常遵循定言令式，行動容易流於形式。另一方面，結果主義能以數字的量化來確認實際效益，具有具體、實際的優點。不過，也有人持不同見解，認為以數據來判斷幸福，就失去了人的味道。即便如此，在實際解決社會問題時，效益主義作為現實主義的改革原理，確實有其方便之處，所以對我們的生活影響很大。日本從明治維新開始就引進邊沁的效益主義的精神，致力於「富國強兵」的目標。

練習思考

> ### 該為了少數人而犧牲多數人的利益嗎？

　　起點站的公車準備發車了，一個老人奮力朝著公車站跑過來，司機卻在老人上車前關上了門。公車準時出發了，但老人看起來很難過，呆若木雞地站在站牌前，真是太過分！等他一下會怎樣？

　　若用邊沁理論，此人想法哪裡有問題？

 提示！

　　為了不讓大眾困擾，某種程度的犧牲，或許也無可奈何……

解答解說 不可能讓所有人都滿足！

　　根據邊沁的效益主義，司機的行為是正確的，效益主義重視效益的最大化，是以「最大多數者的最大幸福」為目標。假如為了等老人上車而未能準時發車，就會造成班次延誤，讓公司整體的效益降低，而大多數乘客的「苦」就會增加。效益主義追求「最大多數者的最大幸福」，並不是讓所有人享有均等的幸福，因此，即便犧牲少數人的利益，也要讓社會整體的快樂總和最大化，這就是效益主義的思考。

彌爾
John Stuart Mill
效益主義的品質

> 快樂也有不同種類，努力向高品質的快樂邁進吧！

國家 英國　　　學說 快樂的品質、論自由　　　1806～1873

著作 《論自由》

量化快樂，不行嗎？

◉追求高品質的快樂

對邊沁的效益主義提出批評，並進一步發展的是約翰・史都華・彌爾。彌爾繼承了邊沁「爭取最大多數者的最大幸福」的理論，但他對**快樂的品質差異**，有自己的一套看法。

「快樂計算」並不將動機列入計算的範圍，也不評價是在怎樣的心情下進行的行為，只重視結果，只要能增進快樂，就被視之為善。對此，彌爾表示質疑，他認為快樂也有高尚與低級之別，因無限暢飲、任君吃飽所得到的快樂，和因文學、戲劇之美而感動流淚的喜悅是可以做比較的。以快樂的程度來看，或許兩者相同，而且或許有人把吃喝到飽的喜悅看得比較

去給我讀一讀
彌爾的書！

今天要像豬一樣
大吃特吃！

重要。

　　但彌爾認為，快樂的品質是很重要的，他提倡「與其做一隻快樂的豬，也不要當個不快樂的人；寧願做痛苦的蘇格拉底，也不願當快樂的蠢蛋。」（《效益主義》）。雖然豬沒有人的煩惱，我們還是不願意當豬，所以我們可以說人類是一種追求高級快樂的存在吧！彌爾更認為，**增進高品質的快樂，能夠實現效益主義的成果**，假如所有人都追求高品質的幸福，那麼理想的社會就會誕生。

　　話雖如此，個人的幸福（快樂）與社會的幸福（快樂）不見得總是一致的，所以必須用自制力來克服**只為自己著想的私**

心，以擴大**利他主義**。有時候，個人必須為了社會的整體幸福而犧牲自身利益，彌爾說：「**真正的快樂和幸福就是奉獻。**」

◉再愚蠢的事，人都有選擇的自由

呼籲民眾追求高級快樂的彌爾，對於人類自由的主張卻相當先進。

彌爾認同個性的最高價值，並認為應對個人思想與行動，賦予自由判斷的權利，將社會限制壓抑到最低限度。只要不危害他人，人對於自身的生命、身體、財產，都擁有充分的自由，所以**即便他人看來愚不可及，若當事人自己願意，就有選擇的自由**。例如，萬聖節時穿著奇裝異服，假扮渾身是血地走在街頭，只要不造成旁人困擾，就有選擇的自由（或許並非什麼高尚的快樂啦！）。

所以人類基於興趣、嗜好、主義、信條之下的行為，在不妨礙他人的範圍內都隨個人高興。彌爾想說的是，社會對個人行使的權力是有限的，要干涉個人自由，唯有在防止當事者危害他人的情況下才被允許（「危害防止原理」）。彌爾的這個概念，奠定了思想和良心的、表達和出版的、結社和職業的自由基礎。

不過，也有人批判這樣的主張與效益主義的原理是矛盾的。

練習思考

> ### 現在年輕人啊！莫名其妙的行為一大堆

現在的年輕人很愛奇裝異服，也有穿舌環，搞刺青的。拜託，睫毛太長了好嗎！還戴什麼瞳孔放大片呀！甚至有人還跑去整形！另外，像是「真假？」、「煩欸」這些年輕人用語也令人受不了！應該要多限制一下他們的自由才對。

要是從彌爾的眼光來看，會覺得這位大叔哪裡有問題？

💡 提示！

無論行為看來多麼愚蠢，都應站在自由主義的立場，認同每個人都擁有以自己方式追求快樂的自由。

解答解說 只要不造成他人麻煩，要做什麼都可以

彌爾認為：個性的發展、思想與興趣的多樣化，並保障這些自由，能夠多方衝擊、刺激人類智能，才是個人精神、道德進步的原動力。意思是說，愈自由愈能交流多方意見，社會才能更進步。因此，只要與自身相關的思想、興趣、行動等等，要怎樣選擇都任君喜好，只要不危害他人就好。現在年輕人「我又沒妨礙別人，有什麼不可以」的主張，就是以自由主義為基礎的思想。（但也有人反對，表示彌爾提倡的效益主義的本質與自由主義是相互矛盾的。）

詹姆斯

William James

實用主義

> 有實際的效果就是真理，
> 快行動吧！

| 國家 美國 | 學說 實際效果、信仰 | 1842 ～ 1910 |

著作 《實用主義》《真理的意義》

只要有結果，就是正確的

◉有效果，一切都是真的！

　　實用主義的創始者詹姆斯認為，要使某種概念簡明易懂，只要把焦點放在「**實際效果**」上即可，例如，想了解「硬」的概念，抓一抓、敲一敲就會知道。

　　但發展實用主義的詹姆斯認為：「實際效果」也包含情緒反應，他也把「**因自己信以為真所得到的諸種結果**」視為**實際效果**。根據皮爾士[8]的理論，假如說「鑽石是硬的」，那麼「即使拿刀去切，鑽石也不會損傷」，就是「硬的」概念具有實際的效果。但是，當我們說「帶著這個護身符，工作就會順利」

8　皮爾士：Charles Sanders Santiago Peirce，1839- 1914，美國實用主義奠基者。

反正對著鏡子
笑就對了。

真不舒服……，
你這個人還真是
正面耶！

時，後來所得到的順利結果只是相信該命題者的個人體驗，一般就會被認為是錯覺；不過詹姆斯說，這不是錯覺，這是真理。他的實用主義理論認為：因為相信某個觀念而得到的各種結果，是判斷觀念正確與否的基準。所以，如果相信「帶著護身符，工作就會順利」，後來確實也很「順利」的話，那麼這個命題對當事者來說就不是錯覺，而應判定為「真」。

詹姆斯說：「宗教觀念若明顯對具體生活有價值，**假如對某類型的人傳教，的確可使其獲得安慰，該觀念『在那個特定情境』下，便應視為真**」。詹姆斯認為，我們不能說有宗教信仰的人產生了錯覺，因為他們確實得到實際效果，才會信以為

「真」。

因此對當事者來說，該宗教有其實在性（確實存在之意），當然，按照這個說法，或許每個人得到的結論都會不同吧！不過詹姆斯對此抱持肯定的態度，這觀念被稱為「世界多元論」。

◉只要結果是好的，就萬事 OK

如果有人問「現在幾點」，結果對方回答的是「我住在○○市○○的○路」，那麼即使這個地址正確無誤，但作為「現在幾點」的回答，並無法產生效用，所以不是真理。

但即便是無法檢視的觀念，**只要對相信的人來說「有益處」、「有效用」，是能「滿足」當事人的觀念，那就是正確的**。比如，登山途中迷了路，來到一個明知危險也必須一躍而下的懸崖時，認為不會有事而跳下去，和覺得完蛋了，但不得不跳這兩種觀念，用詹姆斯的理論來看，結果是截然不同的。

確實如此，體育賽事時有人高呼「必勝」，那麼即使後來比賽輸了，大家也不會批評他說謊，那麼在相信某事的前提下實踐了某個行動，只要產生實際的效果就可視為真理，無須沮喪苦惱。對自己說「一定可以」，到後來也沒有必要自我否定，感嘆「只是一廂情願而已」，因為只要有產生實際效果，就是正確的。

練習思考

占卜節目是真的嗎？

　　有同事對占卜深信不疑，習慣看了晨間的占卜節目再出門上班，什麼「今天金牛座運勢最好、幸運色是紅色、吉祥物是牛。」所以今天就穿紅色衣服上班，中午吃牛丼飯！真是蠢斃了，只是迷信吧！另外，還有人手上戴幸運石，拜託，根本沒效好嗎！

　　根據詹姆斯哲學來看，此人的想法哪裡不合理？

 提示！

　　「真理」並非客觀存在於某處，而是用行動後得到的結果來判定。

解答解說 **相信帶黃色長夾是有用的，也沒問題！**

　　古典哲學認為，即使離開了人，客觀的真理也獨立存在（理型論等）。但到了近代後半，真理觀發生改變，出現了把當事者內心的真實稱為真理，最具代表的就是實用主義。從科學角度來看，並沒有因果關係能說明隨身帶著網購的黃色長夾就能賺大錢（參考93頁）。但若對此說法深信不疑，工作效率因而提升，最後確實也有效果的話，就可判定為真理，所以黃色長夾是通往財富之道，你要不要也試試看呢？

杜威

John Dewey

實用主義

> 有的哲學有用，有的沒有用，
> 所以要交替使用。

國家 美國　　學說 工具主義、民主主義教育　　1859～1952

著作《哲學的改造》《民主與教育》

知識與思考都只是工具，結果才是價值所在

◉生活中也使用著名為「思想」的工具

　　杜威哲學是與日常生活緊密相關的「探索的邏輯」，假設我們在林中散步，人會依照「習慣」前進，後來發現有條溝渠擋住了去路，必須從這裡跳過去（發現、計畫）。目測（觀察）發現那條溝還挺寬的，對面的河堤看起來又很滑（事實、已知條件「數據」）。於是，應該會考慮有沒有比較窄一點的地方，然後開始尋找（觀念）。

　　為了觀察水流狀態（觀念的確認），就開始檢查上下游的狀況（觀察），結果發現了圓木（事實），於是就想，可否把圓木架在溝渠之間的坡堤上當作橋梁（觀念）。最後，就把圓

試用
各種工具

好可怕呀！

木搬過來當做橋使用（透過行動的檢查）。

　　杜威認為，一切思考從問題到解決都會經歷上述過程，可歸納成（1）發現困難（2）找出問題（3）提出解決問題的假設（4）推論各個假設的結果（5）透過行動驗證假設。在探究的過程中，會用到各種想法，但這些都只是工具，想法的價值在於使用結果的有效性。就這樣，想法會將狀況做知性的重構，與未來的行動產生關連。因此，人類的知識與邏輯都是解決問題的假設，也因為只是假設，所以會被取代或替換，知識和邏輯就像鐵鎚和螺絲起子之類的工具，故稱為工具主義（觀念工具論〔instrumentalism〕）。

◉教育，以「學習如何解決問題」為目標

杜威也把實驗性方法應用於「**價值判斷**」上。當我們說某個東西或行為是有價值的、是受人喜愛的、是符合期待的、是讓人滿意的，這些「價值判斷」的說法也是一種預測。

因此，價值判斷的正確性，必須透過實驗來檢視能否獲得預期的結果。例如，原本認為「施捨是好事」的價值判斷，若實踐之後會造成對方無心工作的結果，那麼反而就會變成一個錯誤，所以在判斷事情的對錯時，也必須評量實際效果。杜威認為，哲學家應該對照事情的結果，**反覆思量社會認可的各種價值或理想，同時有責任試圖去解決過程中所產生的抗爭**，並提示新的可能性。

杜威哲學宗旨在透過改造人，進而改善社會，所以把這個觀念應用在教育上，教育並非由老師單方面施教，也是一種需要學習者「從中學習」的實踐形態。學校是「小型社會」，上課時要「**學習如何解決問題**」，理想的情況是運用多元價值觀進行辯論。

練習思考

> 真理應該只有一個才對……

　　我認為人必須有自己的理念和主張，父母和老師都說：只要決定了的事，就必須堅持到底。而且，我記得在那裡聽過「真理只有一個」這種論調，所以我們應該學習正確的事，並且共同遵守。這個孩子的想法，若從杜威的角度來看，哪裡有錯？

💡 提示！

　　人生就是學習解決問題的歷程，所以如果當下信奉的價值行不通了，就該改變。觀念本身並不是絕對的。

解答解說 人，欠缺轉換立場思考的特質

　　社會上大多數的人都認為，想法變來變去的人不可靠，當然，遵守約定很重要，但若遇到想法有誤時，應該要改變才對。辯論會上暫且不管自身立場如何，各自站在對立的立場，改變原先的觀點，有時反而會有新發現。不管是真理只有一個，或一旦相信的事就必須堅持到底，上述想法都沒有錯，但是「改變思考」，才能更接近問題的解決之道。

馬克思

Karl Heinrich Marx

共產主義・唯物論

> 名為「歷史發展的目標是共產主義社會」的劇本。

國家 德國	學說 唯物史觀	1818～1883
著作 《資本論》		

歷史會以固定的軌跡前進

◉所有的勞動都是自我實現

　　18世紀英國發生工業革命，到了19世紀後半，資本家與勞動者的差距愈來愈大。因此，馬克思分析資本主義社會，藉以解決社會貧富不均的問題。根據他的觀點，資本主義社會的產物是商品，勞動力被商品化了。勞工與自身的勞動成果被切割開來，因此產生異化感：自己並非真正的自己，而且勞工生產的物品為資本家所擁有，導致生產意願更加低落。

　　原本人類就希望自己能在受到他人認同的條件下工作，例如DIY的個性化鞋子，就是一種自我的展現。但在資本主義社會，勞動是虛無的，人們只是一味地製造著匿名產物（例如：

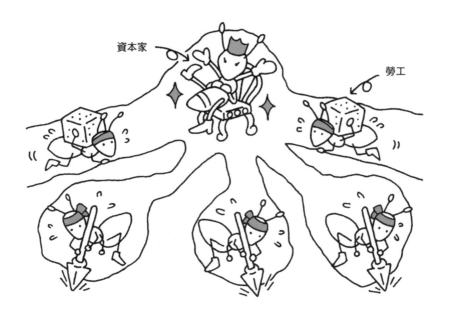

負責貼鞋子標籤，自己的名字與產品就無人知曉，因此沒有生
產意願。）

　　所謂勞動，原本應該是一種自我實現，但在資本主義社
會，卻變得只是機械化的一部分，所以虛無感（**異化勞動**）就
此產生，另外也會發生勞務費用不給付的情況（剝削剩餘價
值）。

　　再則，資本主義世界裡的人際關係被扭曲了，物與物的關
係變成重點。人類一廂情願地認定商品本身具有普遍性價值
（**商品拜物**），貨幣也被視為萬能而受到人們的崇拜。馬克思
認為，我們必須對這個喪失人類勞動本質，以物質為優先的資
本主義社會做出改變。

◉歷史會跟著劇本發展演進！

黑格爾以辯證法（觀念論的辯證法）來說明歷史法則（參照第106頁），馬克思則把這個概念切換成唯物論，提示了更具體的歷史法則（**唯物論辯證法、唯物史觀**）。

世界是由以經濟為基礎的「**下層結構**」，和法律、政治制度（意識形態）等「**上層結構**」相互構成。但是，明明生產力時常在變化，生產關係（資方與勞方）卻很難動搖，因此不給薪的工作增加，而勞動力與財富都被資本家搾取了。說得簡單一點，就是黑心企業，於是矛盾產生，生氣的勞工開始暴走，要打倒資本家。資本主義便會往下一個階段發展，也就是社會主義，馬克思說資本主義演變成社會主義，是必然的結果，而社會的發展會歷經以下五個階段。

① **原始社會**：自然經濟，不存在階級制度。② **奴隸制度**：生產經濟，因財富累積而產生階級，開始奴役。③ **封建制度**：支配階級向農奴收取生產物地租，商品開始流通。④ **資本主義制度**：以資本的累積為基礎，發展產業資本的自由競爭。因恐慌造成資本集中，尋求海外市場，進而發展帝國主義。⑤ **社會主義制度**：經濟的人民管理，有計畫性的營運。

馬克思相信社會的發展會依照以上的劇本進行，在資本主義崩壞後的社會主義，勞工將不再被剝削，能依其勞動力獲取相應的報酬，最終就能實現勞工天堂般的**共產主義社會**。

練習思考

每個人工作都是為了錢吧？

我靠貸款買車、買房，用信用卡買衣服，偶爾還會向銀行申請信用貸款。唉，真的是捉襟見肘了！我很討厭工作，要是中樂透，我肯定馬上辭職。畢竟工作都是為了錢嘛！什麼？大家不是都一樣嗎？

依馬克思哲學來看，這個人的想法哪裡有問題？

 提示！

自我實現是人類生存的意義，工作是為了要實踐自我……

解答解說 馬克思主義有用嗎？

1991年蘇聯解體後，馬克思主義就退燒了。但有人認為它並非只是共產主義而已，作為對資本主義的反省，馬克思主義也值得重新省思。現在已經不再有人相信歷史有劇本的這種說法了（參考第206頁），但馬克思主義仍有許多值得學習之處，特別是當你只把工作視為賺錢手段時，就會常常想放假，一下班就想立刻閃人。或者，會認為沒有加班費的工作很吃虧。然而，倘若你能把工作視為一種自我實現，而不只是追求效率的薪資勞動，應該會比較有幹勁吧！黑格爾和馬克思等人的辯證法，至今仍是有用的哲學。

齊克果

Søren Aabye Kierkegaard

存在主義

> 尋找自己
> 內心認同的真實！

國家 丹麥	學說 主觀真理、絕望	1813 ～ 1855

著作《致死之病》《非此即彼》

什麼是我能為它而死的真理？

◉絕望就是人生

　　似乎很多人都有「齊克果的哲學不好懂」的印象，那是因為教科書上的內容，很多都是「在神的面前，煩惱要這個還是那個」，或者「神面前站著的，只是一個**單獨的個體**」這類與基督宗教相關的內容，因此很多人不懂「他到底在煩惱什麼」。齊克果認為，人在神的庇護下，能得到心靈的安歇，但一離開神就會感到孤獨、不安、**絕望**。但還是有人無法理解，為什麼非依靠基督宗教不可？佛教不行嗎？

　　齊克果傑出之處是，在黑格爾那種從宇宙上面俯瞰世界整體的哲學觀（追求**客觀真理的哲學**）蔚為主流時，他探討的卻

明明都是赤字，
絕望得很⋯⋯

大老闆，
你好棒！

偉大的老闆，
太神了！

是人內在的不安和苦惱（追求**主觀真理的哲學**），所以在當時
算是嶄新的哲學觀，在思想史上佔有劃時代地位。在那之前，
很少有人把不安、煩惱等視為重要的人生課題，因此他的出現
帶來相當大的衝擊。

　　此外，也不是說非信仰基督宗教不可，只是因為深陷苦惱
的齊克果剛好是基督徒，所以我們可以從「開始思考人類各種
苦惱的第一人」這個角度來看待他。根據他的觀點，人有時會
迷失自我、會自以為是、會自暴自棄，甚至絕望，對人類來
說，絕望是一種「 致死之病 」。但這並不是指，人真的因絕望

而死掉，而是長期處於一直很絕望、卻死也死不了的痛苦狀態。在絕望中憎恨自己，對自己的悲慘充滿厭憎，最後就自我放逐。

不過不要緊，齊克果說，絕望這種病是人類獨有的，沒有這種病的比較不幸。話雖如此，既然是病，還是得對症下藥才行，究竟該怎麼做呢？他認為，若能把絕望視為一個好機會，讓自己得以推往更高層次的自我意識，這樣就可以了。

也就是說，人只要歷經「非此即彼」的選擇，就會大幅成長，「非此即彼」是從美學的存在往倫理的存在飛躍之意。第一階段的美學存在，意指全身浸淫在快樂之中的生活方式，也就是為了享受快樂，不斷追求變化。

但是，著重美學存在的人生，總有一天會因為再也無法滿足而絕望，於是就要往第二階段邁進，那是倫理的存在。這時，人會以身為家庭和社會的一份子而努力，不過即便再努力，絕望終究仍會襲來。

於是，齊克果建議往宗教性的存在發展，這是第三階段，就是用理性來看不甚合理的基督宗教真理。真正的基督徒，站在自身原罪的意識基礎上，以一個最純粹的「單獨的個人」的身分，佇立在神的面前。當然，我們不見得一定要這樣做（只要追求內心的真理即可），面對生命的不合理，思考如何解除煩惱的哲學，就是「存在主義」。

練習思考

能一直單身最好

結婚真的很麻煩耶！還是一直單身比較好，又自由也不用煩惱錢的事。我真的不適合婚姻，我只想管好自己的事，開心過日子好。煩惱？沒有啊！什麼少子化、社會責任的，才不關我的事呢！開心最重要啦！

從齊克果哲學來看，這個人的想法沒問題嗎？

💡提示！

能一直持續享樂當然很好，但萬一哪一天行不通了不就慘了，但結婚也很累……

解答解說 要單身，還是要結婚？

齊克果曾和一名叫做蕾琪內的女性訂婚，因為他想當牧師，建立一個有責任感的家庭。但是，某一天突然悔婚了，原因眾說紛紜，其中之一是他擔心自己會讓蕾琪內不幸。齊克果的著作《非此即彼》，就被認為是以這個事件為背景所寫的，為婚姻而苦惱的哲學。雖然，我們無法論斷「那個」就是單身，而「這個」是結婚，但若這樣想，應該比較容易了解。要保持美學的存在（單身）呢？還是進入倫理的存在（結婚）呢？選擇權在自己手上。

尼采

Friedrich Wilhelm Nietzsche

虛無主義

> 人會把自己擁有力量的這個想法，
> 視為「真實」。

國家 德國　　　　學說 權力意志、超人　　　　1844～1900

著作 《查拉圖斯特拉如是說》《善惡的彼岸》

不要彆扭，坦率發揮你的潛能

◉心懷憤懣就會製造歪理？

　　人有一種意志，希望自己能比他人更有存在價值，這是一種自我提升、成長，擴充能力的根本動力，稱為「**權力意志**」，也就是想自我實現，往上爬的欲望。

　　人活著雖然受到這種強烈力量的驅使，但遺憾的是，這種力量卻時常受到現實殘酷的蹂躪，想爬到更高的境界，可是並不順利，人生就是一連串的失敗。於是，人就會開始想「這不是真的，是這個世界不認同我。」藉此逆轉價值，隱藏自己的弱點，尼采稱為「**憤懣**」。也就是說，弱者在現實世界裡遭受了不平等待遇，所以對強者心懷怨恨，並試圖逆轉價值，在想

我是超人！

像上獲勝。

「那傢伙很有錢沒錯，但人生並非只有錢！」這種呼喊，就是一種憤懣！明明很想要錢，可是卻得不到，就大聲咆哮：「可惡！錢一點價值也沒有，心靈最重要。」大概就是這種感覺。

如此，吶喊著「這才是真實」的人，會覺得只要這樣主張，自己就會變得強大，至於事實是否如此不得而知，因為他們只是刻意這麼想而已。所以尼采不問「什麼是真實？」，他問的是「為何你想這麼想？」，答案當然是「權力意志」，因

為想讓自己變得更強大。

就這樣，**所謂正確的事（真理），解釋因人而異，所以沒有這種東西**，尼采稱為「**虛無主義**」。但這並沒有「好」、「壞」之分，只是那些想認同「有真實存在」的人，曾做過的一種哲學主張而已。

◉痛苦的人生，重來幾次都可以

尼采將過去的哲學全部重製了，他將根深蒂固的思想連根拔起，例如，柏拉圖認為有理型界，是因為他希望如此，之後才去考慮邏輯的問題。尼采認為，黑格爾和馬克思等人也一樣，只是一廂情願地認為：「這樣想心情會好」。

尼采認為真實並不存在，他言簡意賅地以一句「**上帝已死**」來表現，「上帝已死」，意指最高價值已然失去。長久以來，人類奉為圭臬的真理其實並不存在，這世界是無目的、無意義的。「為了什麼？」這個問題欠缺答案，虛無主義指出，我們都只是漫無目的地活著，所以當然沒有活力。

於是，尼采開始期待「**超人**」的出現，以取代過往的最高價值，也就是上帝的存在。所謂「超人」，指身受痛苦也絕不捏造憤懣的背後世界（亦即欺騙自己世界應該如此），而**能夠承受現實之苦，維持堅強自我的人**。尼采接受無限循環的人生（永恆回歸），追求熱愛自身命運的強人形象，他說：「原來這就是人生啊！好，那就再來一次吧！」

練習思考

> 我不能出人頭地，都是社會的錯。

　　真受不了現在的公司，善於討好客人的年輕業務講話總是天花亂墜，所以產品大賣，業績稱冠。但我呢，誠懇實在地應對，向客戶充分說明產品的優缺點。結果，升官發財的是都是那些手段高明的人，但「真相」明明不該如此啊……

　　根據尼采的理論，這位仁兄的失敗在哪裡？

 提示！

「信以為真」的事，只不過是讓自己更堅強而已……

解答解說 抱怨個不停，全都是憤懣

　　發牢騷或許可以消除壓力，但若對尼采哲學有些認識，就會發現採取有自覺的抱怨，可能會比較好！站在虛無主義的立場，沒有什麼事是「正確無誤」，唯有人生勝利組的想法才是真理，就好比「聲音大就贏」。因此，如果你打心底認為「自己才是對的，周遭都是錯的」，就會有很深的憤懣。

　　如果失敗了，就要自我察覺，然後坦率地肯定自己的優點，並下定決心「再試一次」就好了。

胡塞爾

Edmund Gustav Albrecht Husserl

現象學

> 叩問你的內心，
> 真實就會浮現。

國家 奧地利	學說 現象學的還原	1859～1938

著作 《觀念》《現象學的觀念》

透過懸置來了解真實世界

◉懸置之後會如何？

假如有人要求你證明「身邊的杯子、桌子等東西確實存在，並不是你在做夢或是幻覺」，你該如何回答？這是個相當困難的任務。過去的哲學家曾做種種思考：世界是否只是一個虛擬空間？又或者如外界所示，那些事物確實存在？

胡塞爾對於這些複雜又麻煩的問題做了妥善的說明，人們普遍認為世界就如同我們看到的那樣，確實存在著外界，稱為「自然的態度」。這是一種樸素直接的態度，我們就像相機，看著眼前的杯子和桌子存在於我們的自身之外。但這樣又會產生「自我的認知與世界的樣貌，也許並不一致」（也有可能是

那果汁是哪裡產的？

懸置

唔，我哪知啊……

幻覺）的疑問。

　　這個問題很複雜，於是胡塞爾建議我們先把外在世界是否確實存在，亦或只是虛擬空間之類的問題暫時**懸置**（epoche）。意思就是，**要我們對原本深信不疑，覺得「就明明在那裡啊」的想法有所保留，因為那有可能是錯覺，為了保險起見，還是先「放入括弧」比較好。**

　　不要堅持「確實存在著外界」，而應專注地觀察自我意識的流動，「雖然我不知道它是真的還是幻覺，但至少可以確定的是我正在看……」。舉例來說，「晚上在路上看見的東西，以為是幽靈，但其實是柳樹」，此時「幽靈」的判斷和「柳

樹」的事實之間產生了認知上的錯覺。

　　這類誤解在人生中不斷地出現，但假如能先懸置，那麼至少當時以為是「幽靈」的看法並沒有錯，即使之後發現是「柳樹」，那樣也不算錯誤。所以，**先不管主觀是否命中客觀事實，只要關注自我意識的流動就好**，如此一來，思考內涵絕對不會有誤。胡塞爾認為，接下來才能開始建立嚴謹的學問體系，這樣的意識操作，稱為「**現象學的還原**」。

◉進行現象學還原，就會豁然開朗

　　當然，雖說世界被「還原」了，但並不意味著世界的存在被否定或消失，還原後，原本被視為外界實物的杯子和桌子等物品，就會變成**意識發展上的存在**。就像舞台從物質世界轉為意識世界一樣，胡塞爾對意識的型態做了各種分析，若仔細觀察，就會發現人往往會對出現在意識上的事物賦予意義，例如一看到筆，我們就會定義「這是書寫工具」。

　　胡塞爾將「筆、桌子、杯子、筆記本」等等的對象命名為「**所思／意識對象（noema）**」，而把思考作用稱為「**能思／意識行為（noesis）**」。過去，我們都在內心下定義，確認事物的真實性。但接觸現象學後，凡是眼睛所見、耳朵所聞，全都變成哲學思索的對象了，這真是一門自我叩問的哲學。

　　現象學對海德格、沙特等二十世紀代表性的哲學家有著很大的影響。

練習思考

> 說什麼沒常識的話呀？

　　哲學家真是有夠語焉不詳！對外在世界的認識正確與否，應該用腦科學來解釋吧！杯子、桌子等物質就確實存在於那裡，大腦直接意識到它們了啊！不用多想世界是什麼樣子了吧。

　　依據胡塞爾理論，此人的荒謬之處在哪裡？

提示！

腦科學的理解是正確的，但也能從意識方面做反思。

解答解說　讓大腦的存在也「懸置」一下

　　只要滿足於腦科學家告訴我們的事就好了，因為我們又看不見自己的大腦。然而，現象學是一種能將眼前所見的汽車、建築、馬克杯、窗簾等作為材料，從內側探求意識流動的哲學。讓我們的大腦也暫時懸置一下吧！現在就可以開始這種思考法，而且又不花一毛錢，真是好處多多。如果能暫時懸置常識性的想法，仔細觀察，就會察覺只有自己才看得見的內心活動，如此一來，就會發現一個全新的自己。具體方法會在介紹海德格等人的哲學時做說明。

海德格

Martin Heidegger

現象學・存在

> 要怎樣在還活著的時候，
> 就了解死亡？

國家 德國	學說 存在、死亡	1889 ～ 1976
著作《存在與時間》		

我的「死」和他人的「死」不同

◉「人生的最終目標是死亡？」

當我們達成某項目標時會說「成功了」，而感到很滿足。但是，目標並非到此結束，因為下一個需要克服的問題又來了，所以至少無法在活著的時候就得到最終的成就感吧？那要何時才能達成呢？那就是人生的最後。所謂最後，就是「死亡」，也就是說，人生的目標就是死亡，要到那時人生才算完成，找回「真正的自我（本性）」。

所以「臨死前很重要囉？」其實不然，因為臨死前還是活著的。那意思是說，死後會想：「死了！達標！」嗎？當然也不可能，因為死了就沒有我了。人類是無法體驗死亡的，所以

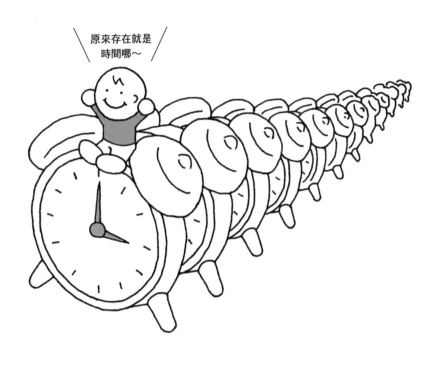

雖然死亡是人的終極目標，但要真正了解確實非常不容易。

當然，關於死亡的新聞，大家應該都時有所聞。不過那是主觀的「我」，對「客觀對象」之「死」的認知，至於自己死掉的狀態，活著時是無法了解的。因此，要掌握死亡是怎麼一回事非常困難，海德格運用現象學（參照第144頁）的哲學手法，**展開「存在論」，並對死亡做了分析**。

首先，他說死亡的失去者和失去物完全相同，「弄丟手機」和「遺失月票」等情況所「失去」的，並非自身這個存在。但若論及「死亡」，失去的人與失去的物完全一致。

此外，人生的順序是可以改變的，先出社會工作，之後再去唸大學也行；即使上了年紀，也能靠些許的努力，讓自己看起來年輕。唯有「死亡」的順序最為明確，一定要等到最後才會到來，**人不能逾越死亡，提前到未來去回溯生前，遠眺自己的死亡經驗**（死亡的不可踰越性）。

舉例來說，畢業典禮是完成過往生命重要事件的慶祝儀式吧！但人生的畢業典禮卻是「死亡」，成就「死亡」的瞬間，它的參加者也跟著消失。應該沒有大樓一完工就瞬間倒塌這種事吧！唯有「死」是人生最後的最後，最終目標一達成，瞬間就全部消失。

此外，死亡也是他人無法替代的，自己的死，必須自己承擔。或許有人聽到這種「關於死亡的分析」會感到心情低落。但是，海德格說「向死存有」才是原本的自我應該做的，因此提倡**人必須認真面對死亡，以找回本來的自己**（對死亡的先驅性意志）。意思是，人不該逃避死亡，從尚未死亡的此刻就要開始正視它，那麼這一瞬間就能發光發亮。

練習思考

死了，就消失了……

　　某天，Ａ君開始思考「死亡」這件事，他想了很多，感到很苦惱，最後對自己說：所謂死亡，就是身體組織支離破碎，終至消滅的過程。死了就什麼都不用再想了，所以現在煩惱也沒用。

　　Ａ君這種「死亡＝消滅」的想法，和海德格哲學有何不同？

💡 提示！

　　現在還活著的自己，思考死後的狀態，是否有所矛盾？

無法從外在理解死亡

　　Ａ君思考的「死亡」，是「客觀的死」、「從外部來看的死」，因此「死亡＝消滅」，指的也是他人之死。從醫學上來看是正確的，但因為他現在還活著，所以並不是親身體驗。

　　活著的當下，就要向內心探問「是否了解死亡」，如此就會得到「原本與自身連結的世界會消失」、「不知何時發生」、「最後才會到來」、「必須自己承受」等答案。對於「死亡」有所自覺，才能坦然接受，不再視而不見。

雅斯培

Karl Jaspers

存在主義

> 人只有在遇到無法跨越的障礙時，
> 才會了解某些事。

| 國家 德國 | 學說 界限處境、超越者 | 1883 ～ 1969 |

著作《理性與存在》

被逼到絕境時才會明白的事

●從內在來說明人類吧

　　雅斯培思考了「人類是什麼」，這也是之前未曾有過的劃時代思考（現在看來或許很一般啦！）。雅斯培認為，**人無法被客觀地視為對象，永遠都是身為主體的「我」**，我們確實能用生物學分析人類，但假如有人說：「你是由蛋白質、脂肪，以及鈣質等組成的。」應該會感到不悅吧，好像自己只是物質而已。

　　近代哲學認為，一切事物皆可用主客觀的視點對象化、合理化，所以才會有「你是由蛋白質組成的……」這樣的表現方式。不過雅斯培拒絕這種說法，他從內在省思「人類到底是什

麼」的問題，這就是**存在主義**；是從內部思考這個活生生的自己，到底是什麼的哲學（齊克果、沙特亦如此）。雅斯培為了探究存在（此刻活著的自己），加深了對於「存在本質」的追求，最後登場的是**超越者（神）**，因此被歸類為有神論的存在主義。

　　雅斯培認為人類和樹木、石頭等東西都並存在世界上，就這個意義來看，人類也是世界的一員。可是，人類這種存在，無法用物理學討論物質時那樣單純地說明，也不能用生物學處理生命、心理學研究心靈這類單一的方式來處理，因為那些都

只是從某一個角度，擷取人類的一部份作為研究對象而已。話雖如此，斷然地說「人類是精神體」也未免太過主觀，也有其限度。因此，就人類是由各種成分混合、組織而成這一點而言，雅斯培認為「人類是超越主客觀對立的**包攝者**」。

◉到了生命的盡頭，就會了解神

任何人都必須在**絕境**中生存，絕境指的是**「死亡」、「苦惱」、「紛爭」、「罪惡感」**。沒有人能逃過一死，而且，苦惱與人生相隨，有時候，也避免不了紛爭。例如，兩家鄰近的超商就會碰到搶客的問題，這裡面也包含紛爭，人會不自覺地陷入紛爭。再者，有時無法兩全其美；一方滿意了，另一方卻不開心，罪惡感就油然而生。

像這樣，人無可避免地會處於這些情境中，但這也可能成為展開哲學思考的契機。在這種情況下，人會明確意識到此刻存在的自我，雖然會絕望，但同時也會感受到被某種超越自我的存在包覆著、支撐著。

進而，人會意識到：自己是由超越者（神）所賜予的（涵攝者也是超越者），如此，**整個世界便是指向超越者（神）的「暗號」**了。超越者會持續傳來暗號，即便我們遇到人生的絕境，也會有能力解讀。這種說法好像變成在討論電波，有點難懂吧。簡單來說，上述內容的神並非宗教上的神，而是哲學上的神。

我們能用科學來說明人類是什麼，精神可用心理學和腦科學腦科學來分析，至於身體，可以根據醫學與生物學看法來主張。不管哪一種，有關人是什麼的問題，只要用電腦分析，便能提出客觀的說明。既然如此，怎麼還會不知道活生生的自己是什麼？那樣就夠了不是嗎？

　　從雅斯培哲學來看，這種想法哪裡有問題呢？

💡 **提示！**

不要從外在去分析人類，而失去了內在的觀察角度。

解答解說 分析人的存在，就會了解人類

　　雅斯培說，人是無法被客體化、對象化的存在，人類並非可從外界賦予各種說明解釋的對象，而是「我就是我＝存在」，去除這一點，人就像機器人一樣了。雅斯培批判「觀察的自我與被觀察的對象」這種近代合理主義的觀點，因為如此一來，人就變成從外界觀察的標本了。科學把人當作對象來分析，但那並無法說明人類自身的感受，能理解自身存在的，唯有自己而已。

沙特

Jean-Paul Sartre

存在主義

> 人是
> 自我建構的存在。

| 國家 法國 | 學說 物質與意識、自由與責任 | 1905 ～ 1980 |

著作《存在與虛無》《辯證法的理性批判 I》

什麼是「存在先於本質」？

◉石頭和人的差異在哪裡？

　　法國哲學家沙特也開創了他獨樹一格的現象學：杯子等物品只是單純地在那裡，本身什麼感覺也沒有（**在己存有**）。此事理所當然，但其實仔細想想，還真不可思議。

　　因為，人擁有意識，但意識為何存在？世上只要有杯子、石頭那些不具意識的東西不就好了嗎？沒有意識存在，只是靜靜地漂浮在宇宙之中，這樣反而感覺比較自然。如此想來，人類是故意擁有意識的，這件事實在很奇妙。

　　擁有意識，代表我們是能夠自我凝視（反省、內省）的存在（**對己存有**），自我凝視時，會一直追著那個自我跑，因此

你永遠無法完全成為你自己。沙特說「人的內在總是龜裂的」，而且還會不斷變化下去，所以稱為「無的龜裂」。每個瞬間都是不同的存在，<u>只有否定當下的自我，才能不斷走向新的自己</u>。

　　沙特主張：正因人類並非某種特定的存在，<u>**反而更加「自由」**</u>，自己沒有被定義要成為什麼（＝「**無**」），因此能以未來為目標，往前邁進。

　　沙特用「**存在先於本質**」來表達這個概念。最初，人先被丟到這個世界，然後才開始自我建構，不像刀子（在己存有）的本質是用來切東西，本質先被決定之後，才被製造出來（存

在）。相對地，人類（對己存有）則先誕生於世（存在），才開始創造自己的本質，所以人類是無限自由的。

◉介入（engagement）的重要

沙特認為，人必須「**投身**」（projet）自己的行為。例如，愛上某位異性，進而在一夫一妻的體制下與對方結婚的人，就代表他肯定一夫一妻制，就是把全人類都拉進一夫一妻的框架裡。這樣說或許有些誇張，但許多不甚自覺的行為，是會一點一滴影響世界的。例如，隨手亂丟垃圾、紅燈時穿越斑馬線、急衝上車等，對於看到這些事的人來說，都會慢慢產生影響（不去投票的影響應該更大吧！）。

當人在進行某種行動時，既是「拘束、投入自己」，也會「拘束、影響全人類」，「自我選擇」就被視為「選擇全人類」，所以一切的行為都會直接形成「**介入**」。

人的行為會立刻成為他者討論與批判的對象（「**即暴露於他人的評判下**」）。但沙特認為即使如此也不可畏懼，而必須在人際關係中對自身行為方式做出選擇，並且有決斷力地活下去。最後，沙特支持的是馬克思主義。

> ## 沒有好的結果，都是社會的錯！

　　環境決定人的成就，我家住在郊區，單趟通勤就要花兩個半小時，到公司都已經累了。這種狀態下，根本無法好好工作，而且又碰到不好的上司和部屬，分配給我賣的商品也很爛，這種環境要我怎麼出人頭地呀！

　　若是沙特，會如何看待這個人的問題？

💡 提示！

　　不要什麼事都怪罪環境，自己的選擇自己承擔。

解答解說 自己的未來，自己創造

　　根據沙特的看法，人類在既存的社會中繼續建構著歷史。但建構者始終都是人類自己，並非外在條件的錯，自己會受歷史影響，是因為有許多人參與其中。沙特說，人必須自覺「自己也是團體中的一份子，是創造未來社會的主體」的這個事實。他認為個人行動與社會之間具有「建構同時也被建構」的關係，所以不該一味怪罪環境，而有必要自己「介入」。

梅洛・龐蒂

Maurice Merleau-Ponty

現象學

> 用哲學來談論身體，
> 會是這樣的。

國家 法國	學說 身體論	1908 ～ 1961
著作 《知覺現象學》		

透過相互滲透，來辨識自身存在

◉為何我能了解他人的內在感受？

　　哲學世界裡會討論很細微的問題，例如，為何我也能知道他人所吃的拉麵是什麼味道？既然我無法變成他人，他人也不是我，所以會得到這樣的結論：拉麵的味道「只屬於我自己」。有人也說可以透過「移情」來了解，但那自始至終都只是通過自身經驗推測他人的味覺而已（從自己的拉麵口味來推測他人的可能是如何）。

　　也就是**自身主觀往他人方向移動而已，就像自身的複製品以他者的身分存在於外界**，這聽起來有些可怕，宛如世上只有我一個人單獨存在（唯我論）似的。那麼，我們該如何才能更

接近他人的真實感受呢？這在哲學上稱為「**他者問題**」。

　　為此，梅洛‧龐蒂提供了一個解決方法，他把我們生存的、知覺的現實世界稱為「**現象界**」，而這個生活在現象界的主體是「自己的身體」。我們擁有身體是理所當然的，但會把當然之事拿來做哲學討論，就是梅洛‧龐蒂傑出的地方（因為之前的哲學都從精神面出發。）理論優先的人很容易就會認定「自己是精神性的存在」，卻忽略了若沒有身體，自己是不存在的。

●世界，是由身體為出發點的空間

根據梅洛・龐蒂的看法，「身體」才是具體的自我所能看見的表現，重點在於他不像笛卡兒（請參照66頁）那樣，把心靈與肉體切割。也就是，不以物理的等質空間來理解世界，而是將世界重新定位為以身體為中心的空間。

從單一的「身體」出發，就不會有精神與物質二者分裂的情況，不但身體無法與世界分割，內外也是表裡一體的，透過身體，就能建立自己與他人處於同一世界的基礎。

梅洛・龐蒂進而指出，**我們在自己的「身體」裡進行著「主體與對象的相互滲透」**。舉例來說，當我用右手去碰左手時，是右手接觸到左手這個對象；反過來說，就是左手被右手碰觸。

他又繼續擴充這個概念，指出自己的身體所關聯的世界也有相同的情形，在世界與我的身體之間，主體和客體是混合的。這就近似於在森林中深呼吸時，會有「我與世界一體」的感覺。

如此，我們就存在一個跨越區別、相互滲透的世界裡了。吃拉麵時也就不用再想：「我和隔壁的友人，明明是各自獨立的存在，為何能說彼此嚐的是同一種味道呢？應該是不一樣的吧？」（一般是不會去想的……），這樣才能好好享用美味的拉麵呀！

練習思考

> 反正也沒人了解我！

　　人都是孤獨的，你看，我們不都包裹在各自的皮囊下，與他者分離而存在嗎？所以才會有人犯罪，做出對他人很殘酷的事呀！因為人無法理解他人的痛苦！人類不能相互了解，也是無可奈何的！就好比關在密室裡一樣。唉，我說人類啊……

　　這個人的想法哪裡有問題？

提示！

　　嘴上說人與人之間無法相互了解，但同時又與人互動，這就是與他人產生連結！

解答解說 在相互滲透的世界裡了解彼此

　　我們以「身體」存在這個世界上，會發生各種各樣的事，而它們會對我的身體產生意義，觀察意義的表現，便能理解彼此處於相互連結的關係之中。世界以身體這個主體（每個個別的我）相互滲透，正因有身體，我們才能透過它與別人產生關聯。

　　每個人都具備身體這個共同基礎，他人的感受才能傳遞而來，我的心情也能傳達過去，也就是說，沒必要封閉在自己的世界裡。

列維納斯

Emmanuel Lévinas

現象學

> 「他人面容」傳遞出：「不可殺人」
> （Thou shalt not kill!）的訊息。

國家 法國	學說 面孔、他者	1906～1995

著作 《整體與無限》（*Totality and Infinity*）

他人是不會讓你如願的！

◉我還是無法理解別人的想法

　　猶太哲學家列維納斯有被納粹俘虜、關進集中營的經驗，他的家人幾乎全被殺光，唯獨他倖存下來，所以他對「他者」和「殺人」等議題，有著極為深刻的思辯，進而發展出獨特的哲學主張。

　　列維納斯的思想太複雜了，他提出與海德格不同的存在主義，而且兩人對「存在」的討論都極其高深，在此僅略為介紹其中一部分。例如，他懷疑倉鼠和兔子等動物是否有「我」的自覺，他認為動物只是單純的「存在」而已。但人類與貓狗之類不同，並非只是「存在」，而有所謂「我」的「存在」，而

「我」到底是什麼呢？

自古以來，許多哲學家都對「我」有諸多討論，列維納斯假設先有所謂的**「存有」（il y a ＝有○○）**[9]，「存有」是種既無我、也無他者的狀態（匿名性），就是「單純的存在」。

直到感覺「肚子餓了」或「頭好痛喔」的時候，那個「我」才會出現，就像在黑暗中的「存有」，而「我」浮現出來的感覺。因此，**與其說「我一直存在」，更像是被世界擠出來似的，會產生「我竟然存在了」、「我為何存在呢」之類的倦怠感**。若依列維納斯的理論，這個「我」是從「存有」中出現的，因此會覺得「我是絕對孤獨的」，就像「我」是從平底

9 il y a：法文，意指存在、有，如同英文的 there is/there are。

鍋（存有）飛出來的食材一樣……

◉看著對方的「面孔」，就很難殺人……

假設那個孤獨的「我」與「他者」相遇了。但「他者」和「我」絕無相互交會的可能，正因沒辦法進入「他者」的意識，所以他者是一種無法理解的、超越性的存在。

於是，在此列維納斯的術語「面孔」就登場了，他說，與他者面對面，就是與「面孔」相對的意思。你可能會想：「為什麼是『面孔』？」那是由於列維納斯的著作裡一直出現「面孔」這個用語的緣故。

一般會認為，要先有一個他者，之後才會出現他的面容。不過列維納斯不這麼想。他說，**最先面對的是「面孔」，接著才會感覺到存在於背後的他者，「他者」並不在這個世界上（因為是超越性的），但若是透過「面孔」，我們就可了解各種事情**。「面孔」是「他者」的表象，會傳遞出某些訊息，是「他者」建構了「我」的存在（這和肚子餓了才產生「我」這個主體的原理是相同的）。接著，列維納斯又說：「他者的存在本身就是倫理」。但因「他者」的存在是不可解的，所以有時候會失控，最糟的情況就是殺人，一旦殺了人，「他者」就不再是「他」了，殺人的本質就是如此。

「面孔」會傳遞出「不可殺人」的訊息，就像遙控無人機殺人很容易，但若要士兵看著對方的「面孔」，就很難下手了。

我是社群媒體上的寵兒

　　我超喜歡Facebook、LINE， 還有Twitter 等等的社群媒體，因為看不見對方，才能暢所欲言！不過之前和線上互動頻繁的人見面，感覺超緊張的，該不會我不善於與人互動吧？

　　你覺得列維納斯會怎麼看待他呢？

💡 提示！

用社群媒體對話，和面對面交談的最大差異在哪？

解答解說 和他人見面時，「面孔」會對你說話嗎？

　　和人見面時會緊張，在哲學上被視為是很正常的事，胡塞爾、沙特和梅洛・龐蒂等人都做過「他者論」的討論。基本上，「我」和「他者」是不同的存在，「他者」的世界無法直接傳達給我，這正是哲學課題的所在。列維納斯認為，「他者」雖然是絕對無法理解的存在，但「面孔」卻是「他者」的象徵，看著對方的臉會說不出話來，也無法傷害對方，是因為「面孔」會傳達出深刻的訊息，所以和他人直接見面互動是很重要的。

阿蘭

Alain（Emile-Auguste Chartier）

人道主義者

> 不努力得到幸福，
> 就不會幸福。

國家 法國　　學說 幸福、好心情的方法　　1868 ～ 1951

著作 《論幸福》

保持好心情是義務

◉生理影響心理

當社會躁動、人心不安時，阿蘭的《論幸福》就會大受歡迎。阿蘭的本名是埃米爾─奧古斯特・沙爾捷（Émile-Auguste Chartier），他在巴黎的學校任教時也會撰寫一些短篇文章，《論幸福》就是集結這些短文而成的書。

阿蘭認為「情緒這種東西都不好」，但是卻能靠意志控制，《論幸福》對於如何不受感情與情緒影響有許多的說明。例如他說，「首先，人會在自己心裡面製造晴天和暴風雨。」如果放任不管，心情當然會不好。

另外，阿蘭強調：不愉快的原因與其說是精神性的，其實

下雨了，
好討厭喔～

不幸的人

下雨了，
好清爽喔！

幸福的人

主要是生理失調，因此他主張控制並鍛鍊肉體以統御心靈的重要性。「某人焦躁或生氣，常常是因為他一直站著不動的關係。」阿蘭說這時候「就要趕快拿椅子給他坐」。

人有時會覺得幸福，有時會感到不幸，理由雖然不是很重要，但都是生理因素較多，所以若能注意健康、保持心情平靜，大部分的煩惱都可消除。

◉保持滿足的心境

阿蘭說：「遇到討厭的人，要先微笑。」，用體貼、親切、開朗的態度向對方致意或微笑是很重要的。此外，人生的

祕訣是：「不要因為自己的決定或工作，與自己的內心鬥爭」。

他說，**人都想獲得幸福，卻不積極去達成目標**，「要感覺不幸或是不滿並不難，只要像王子那樣等著別人來取悅你就好了。」意思是，不努力就不可能得到幸福。

另外，人對憑空得到的快樂，很快就會厭倦，憑一己之力得到的幸福才會格外喜悅、珍惜。最重要的是，人被視為是喜好行動，有征服欲的，所以無須忍耐那些討厭的事，努力向前邁進就對了，這就是營造好心情的基礎。阿蘭認為，吃一點苦的人生比較好，不要選擇走太平順的路。

此外，他把「**好心情**」列為做人最重要的義務，若能「多微笑、用溫柔的語言、時常表達感謝、對待冷淡的笨蛋也親切以待」，好心情就會包圍你。不要一下雨就想路會被泥濘弄髒，要想的是，下雨天路就會被洗淨，清爽舒適。

可是，要一直維持積極正面的思考很困難，所以想得到幸福，就必須做某種程度的修煉，還要有想得到幸福的決心。

練習思考

> ### 唉，心情好差，真是爛透了！

我這麼會這麼不幸啊！沒有一件事是順利的，總覺得很煩躁，每天都眉頭深鎖，臭臉過日子。在這世界上要獲得幸福是不可能的，工作又無趣，唯一的嗜好就是喝酒。啊！好想中樂透……

根據阿蘭的見解，這個人為什麼不幸福？

💡 **提示！**

一直抱怨很不幸，只會讓自己更不幸喔！

解答解說 幸福是你的義務

人時常認為幸福來自外界，例如交到男女朋友，或是中樂透之類的。但阿蘭卻認為，人不努力才會不幸，甚至還說「你有幸福的義務」，所以一定要幸福。想營造好心情，可以從阿蘭建議的「不要抱怨、對人親切」開始，「微笑」對待他人，好心情就會變成一種禮貌，接著影響他人和外界，帶給他人幸福，因為幸福也是對他人應盡的義務。

171

Q 哲學有什麼用？

A 哲學從各種意義來說都很有用，小自個人功效，大到對世界史的影響。就個人來說，例如邏輯組織法、思考整理術、靈活的發想、煩惱的解決等等（但也和保健食品一樣，有時候會感覺不到它的功效）。

就世界史的層次來說，有些學者是在哲學的啟發下提出偉大的發現，也有社會運動家受哲學思潮的影響而發動革命（不過，有的革命不僅對時勢沒幫助，還反而有害。但那是副作用，也無可奈何）。好像也有很多例子是在哲學家死後，思想產生分裂，所以我已無從得知。

所以哲學在產生巨大影響時，同時也具有危險性，務必小心服用。

現代②～結構主義後現代、分析哲學

佛洛伊德（Sigmund Freud）

榮格（Carl Gustav Jung）

阿德勒（Alfred Adler）

阿多諾、霍克海默（Theodor W.Adorno、Max Horkheimer）

哈伯瑪斯（Jürgen Habermas）

索緒爾（Ferdinand de Saussure）

李維史陀（Claude Lévi-Strauss）

傅柯（Michel Foucault）

李歐塔（Jean-François Lyotard）

布希亞（Jean Baudrillard）

德勒茲、瓜塔里（Gilles Deleuze、Félix Guattari）

德希達（Jacques Derrida）

阿圖塞（Louis Althusser）

漢娜・鄂蘭（Hannah Arendt）

羅蘭・巴特（Roland Barthes）

班雅明（Walter Bendix Schönflies Benjamin）

內格里、哈爾特（Antonio Negri、Michael Hardt）

羅爾斯（John Bordley Rawls）

弗蘭克（Viktor Emil Frankl）

羅素（Bertrand Arthur William Russell）

維根斯坦（Ludwig Josef Johann Wittgenstein）

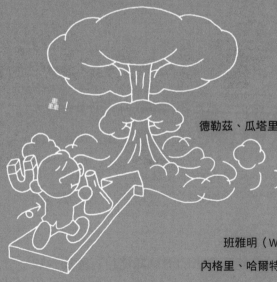

佛洛伊德

Sigmund Freud

精神分析學

> 只要對潛意識的創傷有所自覺，
> 症狀就會解除。

國家 奧地利	學說 潛意識、性衝動	1856～1939

著作 《精神分析引論》

潛意識裡的祕密

◉發現看不見的心靈系統

人常會用「在潛意識裡……」這句話來表達意思，而發現**潛意識**的人是佛洛伊德。某次，當他在治療歇斯底里患者時，發現他們的潛意識層面，都藏有性方面的創傷。

於是，他試圖讓這個被忘卻的記憶甦醒過來，成為顯在的意識，讓患者清楚地自覺到，後來病人的歇斯底里症狀就順利解除了。

他又進一步確認精神官能症患者的潛意識裡也有**壓抑**，解放壓抑，症狀就能消除，他認為只要能意識到之前未察覺的原因，便能控制結果。就好比排水管若阻塞，汙水就會從意想不

到之處溢出來，佛洛伊德試圖以清除心靈淤塞的方式來治療患者。

　　佛洛伊德接著開始好奇，為何不愉快的記憶會被鎖在心靈深處？然後他發現這些記憶大多是與性欲有關的體驗。**當某種體驗在性方面遇到不愉快的阻擋時，為了保護心靈，會自行啟動安全裝置，把體驗的內容驅逐到記憶深處**，這就是所謂的心理防衛機制。

◉讓心靈機制明確運作

將不愉快和異常經驗鎖進潛意識深處的箱子，稱為壓抑。佛洛依德認為，人的心靈有如一座冰山，浮在意識水面上能被看見的，只是極小一塊，心靈的絕大部分都隱藏在水面下的潛意識領域。多種伴隨著欲望（本能衝動）和情感的訊息，都被壓抑在潛意識領域，他們有如火山，隨時可能爆發。

潛意識領域被稱為「本我」，這裡所潛藏身體內部的能量是一種性衝動（libido，又譯為「欲力」），性衝動在通往意識的過程中被賦予觀念，成為願望。可是願望不見得都能實現，性衝動因此受壓抑而變形；再者，家庭教育所建構的良心稱為「超我」，超我擔負著「不可以～」「要成為～」「你必須～」等等被禁止的行為或對理想的追求。

介於本我與超我之間，和外界世界聯繫的領域叫作「自我」。內心能量若能順利通過排水管來到出水口，心靈就能得到滿足。假設出水口被堵住了，代表超我的力量在運作，它一直想著「這不行、那不行、要這樣」而無法隨心所欲。

如此一來，水就會逆流，導致水管破裂，精神官能症就是這樣發生的。當欲望無法以原本的型態被滿足時，會受到壓抑、扭曲，最後就會以當事者完全不解的方式爆發出來。自我的作用，就是在調整性衝動的能量（那個也想做、這個也想做）與超我（不可以那樣做喔）之間的平衡，所以適度的心靈活動是很重要的。

練習思考

> 每次出門，都擔心忘記鎖門。

　　每次出門都會想：「咦？我是不是忘了鎖門？」、「瓦斯關了嗎？」有時還特地跑回去確認。另外，有時還會弄丟錢包，遺失眼鏡或找不到筆，甚至連重要文件也會不見。

　　以佛洛依德的觀點來看，這個人的心理狀態如何？

💡 提示！

　　根據超越快樂的原則來看，有可能是潛意識在操縱意識。

解答解說 心靈深處正在抗拒著……

　　以為忘記鎖門，特地回家確認，可能是因為在潛意識裡，覺得上班上學很痛苦；弄丟資料或眼鏡，有時是因為那些東西伴隨著不愉快的聯想。潛意識遵從超越快樂原則，會操縱意識，阻擋掉一切令人不悅的事，就用「丟了就丟了，那也沒辦法」當作藉口來逃避痛苦。透過自我分析，有意識性地行動，就能解決這個問題。

榮格

Carl Gustav Jung

分析心理學

> 集體潛意識
> 存在全人類心中。

國家 瑞士	學說 集體潛意識、原型	1875 ～ 1961

著作 《自我與潛意識》《原型論》

人類有共通的原型

◉和佛洛伊德理論決裂的榮格

　　榮格是受佛洛伊德影響的瑞士精神分析學者兼心理學家。但是他否定他的老師佛洛伊德對於心靈能量皆來自性衝動的說法，最後與他分道揚鑣。榮格認為，人類的存在並非僅由過往被扭曲的性能量所決定，他強調所有的衝動，最初都會歸結成一個。他認為性衝動（libido，或譯「欲力」）並非如佛洛伊德所說，僅限於性的意涵，而會以各種型態噴發，它是一種中性的能量。

　　關於夢的解析，榮格和佛洛伊德的看法也不同。榮格認為夢是潛意識的呢喃，能帶來心靈未曾注意到的智慧。此外，榮

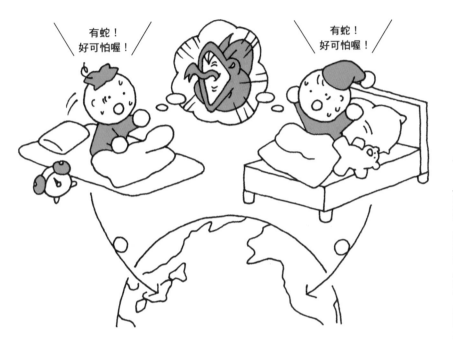

格把內心複雜的情感反應稱為「情結」（complex）。例如，孩子對父親的敵意，想超越父親的欲望稱為「伊底帕斯情結」，男性多表現在對上司或長輩的反抗，女性則會表現在愛慕年長的男性；而有「戀母情結」的人若被女性溫柔對待，便容易產生過度撒嬌或依賴，進而產生「想被愛的心情」，「為何不能更愛我一點」的怨恨，有時甚至會失望，覺得自己「被遺棄了」。

　　還有所謂的「救世主情結」，這是透過幫助別人來確認自身存在的意義，或想藉此站上優越地位的情感反應，並非真心

想要幫助別人，所以這種幫忙有時會讓人覺得不悅；至於「**該隱情結**[10]」，指的是手足間的競爭與忌妒等反應。

◉祖先的記憶存在潛意識裡？

榮格認為，潛意識裡不僅有個人體驗，還包含了祖先的經驗。

他會這麼說，是因為許多人明明成長於不同國家或文化，卻都看過蛇的幻覺（酒精中毒等情況）體驗。榮格說，這大概是祖先有過的體驗，成為內心深處的芥蒂，透過遺傳基因保留下來。而且，榮格認為神話並不客觀，是內在人格的啟示性象徵，也就是說，神話，是潛意識的創傷轉化而成的。全人類都有跨越時代、民族或個人體驗的「**集體潛意識**」，它形成人類精神活動的基盤。

主張「集體潛意識」的榮格，從潛意識的研究去看神話和宗教研究領域的發展，因此對神話的解釋和佛洛依德不同。佛洛伊德以伊底帕斯情結為基礎，想像原始時代父子之間的鬥爭，進而指出禁忌與宗教就是為了防止這種鬥爭而誕生的。

但是在榮格眼裡，神話與宗教是原始人為了理解自身無法理解之事所用的方法。此外，他認為出現精神官能症，代表對環境適應不良，要積極治療，不能只照佛洛伊德說的，讓患者察覺到過往的精神創傷，還要努力讓他適應現實才行。

10該隱情結：源自舊約聖經《創世紀》中，哥哥該隱殺了弟弟亞伯。多用來指兄弟間的對抗意識，或手足間的競爭與忌妒。榮格指出有這種情結的人，會對受父母關注、疼愛較多的兄弟心懷憎恨。

那個夢到底是什麼意思？

我可是解夢專家喔！說說看妳昨晚做了什麼夢。什麼？削蘋果時，裡面跑出一條蛇？嗯，根據佛洛依德的性與夢境的理論，蘋果代表女性，蛇是男性，所以從精神分析的觀點來看，妳應該和某個男人有性方面的困擾吧！咦，怎麼了？為什麼要生氣啊！喂，別走啊！

依照榮格的理論，這個人對夢的解讀有什麼問題？

提示！

精神官能症和做夢的根源，並非都與性欲有關？

解答解說 隨便亂解夢很危險？

榮格認為，全人類的潛意識裡都存在一個共通的「原型」，例如「影子」代表惡、「阿尼瑪」（animus）是男性潛意識裡的女性意象、「太母」則是既溫柔又可怕的母親，這些都被視為神話表現。

此外，榮格的解夢與佛洛伊德不同，以蘋果和蛇的夢來說，蘋果皮指人在面對外界時的形象，是一種人格面具（persona）的象徵。但是在《聖經》裡，蘋果與蛇講的是關於亞當和夏娃的故事。夢的解析是精神分析的重要成分，若和佛洛伊德一樣什麼都與性欲一起討論，很容易變成是在開黃腔，所以還是小心為妙！

阿德勒

Alfred Adler
自卑心理學

> 人際關係
> 是一切煩惱的根源。

| 國家 奧地利 | 學說 自卑感、追求優越 | 1870～1937 |

著作 《自卑與超越》

逆轉人生的心理學

◉跟過去的創傷毫無關係

　　阿德勒曾是佛洛伊德（參照第174頁）的學生，但是他反對老師的泛性欲論，也就是把一切還原成性壓抑的生物學論點，最後就離開了他的門下，阿德勒和榮格都是如此（參照第178頁）。

　　佛洛伊德把重點放在性衝動（或譯「欲力」）上，指出超我的力量導致了壓抑的產生，而阿德勒的焦點則是「自我」。佛洛伊德的性衝動說是出於維持種族的本能，相對地，阿德勒認為**自我具有的衝動，就是為了保存自我的衝動**。他以尼采的「權力意志」為基礎，將自我衝動視為一種**權力衝動**，尼采

說，人擁有想超越他者，創造更高價值的「權力意志」。

　　阿德勒也認為那種力量存在於每個行為的背後，是比性衝動更根源、更深層的東西。佛洛依德精神分析把過去經驗視為心靈能量滯留心底的原因，因此重視的是過去。但阿德勒認為，**人類意識的運作受到權力衝動的左右，比起過去，更應重視未來**，所以人類的意識活動，並非如佛洛伊德所說，會被過去的心靈創傷所限制。決定它的，是未來的目標。

◉把自卑當彈簧，用力往上跳！

佛洛伊德以孩提時的經驗為基礎，說明人在成年之後的狀態，當然，確實也有幼年時期心靈受創，長大仍被囚禁在創傷裡的例子。但阿德勒主張要面向未來，他指出，精神生活是對未來人生的準備，以小孩說謊為例，他認為與其關切是因為何種經驗導致小孩說謊，不如去了解說謊的目的是什麼，也就是把未來放入視野中。

假如說，每個人都受到尼采所謂「權力意志」（優越意志）的驅使，那麼最痛苦的，應該就是**自卑感**了，自覺不如人確實是非常深刻的苦惱。阿德勒認為優越意志與自卑感是一體兩面的，所以做出以下的結論：精神官能症的本質是要逃避自卑感，這種疾病會出現在當事者無法用社會的、現實的方法克服自卑時，**所以克服不了自卑感，為自己的行為找不合理的藉口，或幻想自己非常有成就的疾病，統稱精神官能症。**

他進一步指出犯罪的心理原因也源於自卑，犯罪行為何其多，共通之處都是對於他人財物、身體、名譽的搶奪。犯罪是想用最簡單的方法來克服自卑，以表現自己高人一等，所以「犯罪是一種病」。

所以，阿德勒一方面分析患者過去的家庭狀況，並使其自覺自身性格形成的條件，同時積極揭示人生的目標，並指引患者如何才能達成目標。

自卑感太強烈了，真糟糕。

　　A 君有英文障礙，極度討厭英文，遇到外國人用英文跟他問路，他也會緊張到抖個不停。他常對自己說：「在日本沒什麼機會講英文，不會英文也活得下去，沒關係。」最近在看西洋電影和外國影集時，連字幕版的都不看了，盡量選日文配音的，總之就是盡全力地避開英文。

　　從阿德勒心理學來看，A 君應該怎麼做才好？

💡 提示！

帶著自卑感過日子太辛苦！你是否總是不自覺地逃避某些事呢？

解答解說　自卑感才是成長的動力

　　雅典的狄摩西尼（B.C.384 ～ 322）原本不擅長在人前說話，後來他克服這個弱點，成為偉大的雄辯家；運動員吉姆亞伯特（James Anthony Abbott，1967 年 9 月 19 日－）雖然天生單手殘疾，依然克服了障礙，成為美國大聯盟的投手。阿德勒假設人類在意識、潛意識上，都會想用某些方法來克服肉體和精神的缺陷（補償作用），所以對英語的自卑感愈強，就愈能利用這個缺陷把它學好。阿德勒的理論還能有很廣泛的應用，每當你感到自卑時，就把它拿出來吧！

阿多諾、霍克海默

Theodor W.Adorno、Max Horkheimer

法蘭克福學派

為何人類會朝 「新的野蠻」發展？

國家 德國　　　　學說 工具理性　　　阿：1903～1969
　　　　　　　　　　　　　　　　　　霍：1895～1973

著作《啟蒙辯證法》(合著)

未來不是很光明嗎？

◉為什麼會出現希特勒？

聽到德國的法蘭克福，很多人可能立刻想到是德式香腸。而法蘭克福學派，指的是領導二次世界大戰後德國思想界的團體，內容為批判理論與近代批判。話雖如此，一般人都不了解他們在批判什麼，覺得他們的理論很艱澀難懂。粗略來說，**法蘭克福學派有很多猶太裔的知識分子，批判的矛頭從納粹開始，並且擴及整個現代社會。**

1958年，法蘭克福社會研究所在德國重建，當時擔任所長的是阿多諾，阿多諾在其主要著作《否定辯證法》裡，批判了納粹與海德格哲學（因為海德格曾向納粹靠攏）。

工具理性一旦暴走⋯⋯

轟轟！

　　理性帶來的近代化，將世界從<u>神話的魔術</u>（科學尚未發達時，人們所相信的事）中解放，所以我們理應建構起一個自由的文明社會。本來的理性，是一種叩問人類社會的善（如正義、平等、幸福、寬容等）是什麼的能力，然而不知為何，擁有理性的人類卻倒退回神話時代，發起殘忍、暴虐的行動。這裡指希特勒透過納粹進行猶太人大屠殺，納粹之外，現代社會本身也受到批判。

●新的野蠻更可怕

阿多諾和霍克海默等人質問：為何人類「不往應前進的路邁進，卻落入一種新的野蠻？」他們批判理性，指出直到理性創造了科學技術萬能的工業社會為止，它都是好的。後來這份理性卻控制了人類與自然，淪為有效管理的工具，這種理性被稱為「工具理性」，無論好壞一律以效率、合理性來實現某種目的的理性，已淪落為一種形式的、技術性的「工具」，故稱為「**工具理性**」。

伴隨著工業的發展，**工具理性只追求如何有效率地達到目的，同時也把人類自身視為工具性的存在**。法蘭克福學派認為理性的工具化就代表了理性的崩壞，他們主張多多思考人生價值的問題，並試圖讓原本的理性（批判理性）復權。

這是一個可怕的事實，人類原本以為可以透過理性的力量，順利從野蠻狀態中解放，沒想到卻反被理性反噬，開始受到它的支配。現代科學日新月異，人們用合理思考以達成目的。然而整體來看，卻是走向毀滅之路，退回野蠻狀態，所以「野蠻」→「啟蒙」→「野蠻」的辯證法（**否定辯證法**）便隨之興起。

我們的生活拜科學之賜，已經愈來愈便利了。但若不堅持任何價值，只任由過於工具性的思想浪潮席捲，等到發現時恐怕為時已晚，究竟人類未來將走向何方？

> ## 總之，照我說的做就對了！

　　喂，我說你呀，照公司的指示去做就對了，一切按公司SOP 行動。什麼？這產品會帶給消費者什麼後果？我哪管那麼多，只要賣得出去就行了，消費者也是高興才買的呀！你趕快把那個基因改造的玉米湯賣掉。

　　根據阿多諾的看法，這傢伙哪裡有問題？

💡 提示！

原本用來決定事物價值觀的理性，曾幾何時，已經變成一種技術？

解答解說 理性失控的時代

　　人類自太古開始，就利用技術來支配外在的自然，以我們身邊的生活為例，天熱時開冷氣消暑就是一個例子。一直以來，人類也會透過道德來支配內在的自然，當欲望發展過頭時，就會加以抑制。原本人類擁有自我控制（主體性）的能力，情況卻在不知不覺間逆轉，猛然一看，我們已活在一個失控的世界裡了。不做哲學思考，凡事只以技術優先，最後可能會弄到無法收拾的地步！或許，重新審視價值觀的時代已經到來。

哈伯瑪斯

Jürgen Habermas

法蘭克福學派・公共哲學

> 溝通理性的
> 可能性

國家 德國	學說 公共性、審議	1929 ～

著作《溝通行動理論》

用溝通來開路

●從論爭中學習

　　哈伯瑪斯是承襲阿多諾理論的思想家，但他也對阿多諾等人提出批評。阿多諾認為「當社會整體錯誤時，個人就無法選擇正確的生活方式」，哈伯瑪斯則批判這種認為「充滿真理的社會」會實現的想法太過狹隘。阿多諾等人說的理性工具化的問題確實日益嚴重，但與此同時，人們也在培養互動交流的理性，哈伯瑪斯強調溝通很重要，能將社會導向正確的方向。

　　哈伯瑪斯所強調的對話，並非互相議論之後獲得勝利就好，不僅要得到對方的理解，還必須尋求認同，為了達成這個目標，他認為有三項必要原則。

① 參加者必須使用同一種自然語言。② 參加者只敘述並擁護自己信以為真的事實。③ 所有的當事人都以對等的立場參加辯論和對話。

以上述原則為基礎，真正的溝通就可能實現，每個人得以**從議論中學習，並且為了學習而議論。此外，論爭時不能一味地批判對方，強行通過自己的主張，也要試著去了解對方的意思。**這種尊重對方，以達成共識為目標的態度，哈伯瑪斯稱為「**溝通理性**」。總之，當對方在陳述時，不能任意打斷、強加己見，也不能嘲諷或奚落對方的看法。（在亞洲，大家或許很難以理解，但在歐美，彼此語言的奚落是非常激烈的，有時甚至會產生暴動。）

◉決定對話的原則

能否從主體中心的理性轉換成相互溝通的理性，要看主體（自己）如何應對客體（人、物、事件等等），如此便能判定這是一場獨斷的論爭，還是相互理解的討論。

哈伯瑪斯支持可溝通性的立場，也就是認同彼此相互主觀關係的立場。根據他的理論，人類行為可分成「**以成果為導向的行為**」和「**以理解為導向的行為**」，前者是想隨心所欲地支配自然與東西。如此，對待自然會變成一種「工具的行為」，而對待人則會演變成「戰略的行為」，這樣會讓討論會變得火爆，或想用哄騙的方式，讓對方同意己見。只想著自己能贏就好，不可能產生好的對話。

因此，尋求相互了解的行為是必要的，也就是所謂「以理解為導向的行為」，而這個過程稱為「審議」。「審議」有其進行原則，參加者必須處於自由、平等的條件之下，**而透過「審議」獲得的全體共識，則稱為真理**。每個人的想法都不一樣，所以，如此的對話原則具有普遍性意義。

練習思考

議論不是吵架嗎？

我們公司在討論事情時經常感情用事，最後以吵架收場。年輕人提出的意見，上司都會立刻否決，而且女性也很難發言，這種會議不如不開，反正都是上司自己在決定不是嗎？真是受夠開會了，一點意義都沒有。

哈伯瑪斯會覺得這家公司應該怎麼開會呢？

 提示！

開會不是用來吵架的，是為了尋求理想的共識吧！

解答解說 對話是為了強行通過己見嗎？

在會議上或其他意見交流的場合，若自己的意見遭人否決，就會很生氣，那是因為你認為開會的目的就是要通過己見，才會讓會議一開始就像在打仗，這是一種無論如何都要達到目的的主體中心思考。假如能反過來，秉持從對話中學習的態度進行「審議」，以達到對真理的共識，這樣就能建立彼此認同的相互主觀關係，讓會議變得有意義。理想的會議以相互了解為目標，而非戰勝對方。但是，那種想表達意見、令人刮目相看的心情，我也是能夠了解的啦……

索緒爾

Ferdinand de Saussure

結構語言學（結構主義）

> 語言出現之前，
> 什麼都不存在。

國家 瑞士　　　　學說 語言學　　　　　　　　　　1857～1913

著作 《普通語言學教程》（學生整理的上課筆記）

語言區別我們的世界

◉先有東西？還是先有語言？

　　瑞士語言學家索緒爾的「結構語言學」對現代思想影響很大，索緒爾的語言學認為，人在**語言**（langue）的制度下思考。所謂「語言的制度」意指「各國語言」，例如日本人在日語的制度下，法國人在法語的制度下思考。

　　於是，思考會受語言的限制，依使用語言的不同而產生各種限制。舉例來說，中文有「蝶」和「蛾」兩個詞，所以我們能區別兩者的差異。但在法國，二者皆稱為「葩丕雍[11]」，「蝶」和「蛾」是一樣的。可是，這兩種生物又非一開始就不

---

11 葩丕雍：法文 papillon 的音譯。

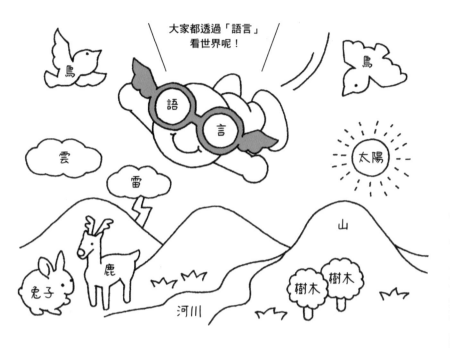

同，而是因為語言有別才產生了差異。

在索緒爾之前的語言學，是認為先有對象物的存在，然後才出現與之相應的語彙。語言對應各種東西，就像是上面貼有標籤的目錄，例如先有狗這個實體的存在，才取了「狗」這個名字，狗和「狗」的名稱對應，這應該是基本常識吧！

然而，索緒爾卻顛覆了這種概念，提出因為有語言，才能區別各種東西的不同。也就是說，有很多四隻腳、有尾巴、吠聲汪汪的動物，假如只有「狗」這一個詞，就全部都叫做「狗」了。但正因有「狗」、「豺」、「狼」等不同語彙，我們才能區別他們的差異。

◉沒有語言，就無法思考

要是問「彩虹有幾種顏色」，你會回答有「七種」，不過這是日本人的說法，在美國會說有六種，因國而異。另外，日本有五月雨、梅雨等各種對於雨的表現，據說在北極圈周邊的因紐特人有八十幾種形容雪的用語，所以即使是同一個東西，也會因語言的不同而有所不同。因此，依各國語言的差異，人們對世界的看法也會隨之改變，**先有語言，才有世界**，就是這個意思。

以上的觀念，聽起來或許會感覺有些不可思議！這種先有語言上的區別，接著才產生對象的分類與認識，這就是「**差異的體系**」。索緒爾並非哲學家，但這種「差異」的語言觀對思想界產生莫大的影響。

蘇格拉底以來的哲學，都在追求所謂的「真實」（即真理）。**但索緒爾認為，「真理」並非固有的存在，世界是透過語言才產生區別的，所以使用不同的語言，「真理」也會隨之不同**。先有語言之間的聯繫，「真理」的範圍才會確定，假如語言和語言的連結方式會改變人對事物的認知，那麼我們很可能就會對自古以來堅持「這才是絕對真理」的哲學觀產生疑惑。

此外，也會對所謂「我是○○」的**身分認同**（identity）產生疑問。基於「差異」的相對性概念，可能我們以後就說不出「我是基督徒，而且那是正確的立場」這種話了。

練習思考

人生只要學會回答兩個字就 OK 了嗎？

「這衣服會洗破嗎？」

「真假？」

「但是錢不夠，爛透了。」

「真假？」

「我爸媽都不給我錢！」

「煩耶！」

要是索緒爾，會怎麼看這段對話呢？

提示！

語言會劃分世界，使思考變得複雜化，寥寥數語可能不夠用……

解答解說 增加語彙也能豐富思考

很多人都認為「比起語言，內容更重要」，所以在不少情境下的用詞都很不精準，還有「你什麼都不必說，我都懂」這種以心傳心的文化，給人一種輕視語言的感覺。笑而不語或許是亞洲文化的獨特之處，不過若能增加語言網絡（差異體系），可以讓思考變得豐富，世界也會更開闊。只用「真假」、「爛透了」、「煩耶」這幾個貧瘠的語彙，久而久之思考會漸漸萎縮，等到發現時，腦袋可能已空無一物了。

李維史陀

Claude Lévi-Strauss

社會人類學、結構主義

> 在當事者也不理解的規則深處，
> 存在著看不見的結構。

國家 法國　　　學說 野性的思維（La Pensée Sauvage）　1908 ～ 2009

著作《親屬關係的基本結構》《憂鬱的熱帶》

歷史並非以直線進步

◉未開化社會中無人理解的慣例

　　李維史陀是文化人類學者，他曾積極與維持原始生活方式的人交流，並研究親屬與神話課題。當時，有個謎樣的課題困擾著這位人類學家，那就是原始社會的亂倫禁忌，其中一則是關於「平行表親」（彼此的父母是同性兄弟姊妹）和「交叉表親」（彼此的父母是異性手足）的通婚問題。

　　他在田野調查中，意外發現在某個原始社會，與「平行表親」的通婚（平表婚）被禁止，但「交叉表親」（交表婚）的婚姻卻受到鼓勵，這是頗為獨特的現象。好比說，日本社會是承認表親婚姻的，但原始民族的通婚，卻會依表親關係的不

這就是結構主義啊……

同，或可或不可。

　　依文明社會的價值判斷，「平行表親」和「交叉表親」都是一樣的。但為什麼在原始社會中這個差異很重要呢？實際訪問了實踐這項禁忌的原始社會民眾，李維史陀很驚訝地發現，連他們自己也不甚了解。「長老先生，為什麼你們族人不能和『平行表親』結婚，和『交叉表親』結婚就OK 呢？」得到的回答竟然是「我也不太清楚，自古以來就是這樣規定的！」

◉原始人的高等數學思考法

　　許多人類學者都挑戰過這個問題，最後都舉手投降了。學

者們認為，他們這樣做並非因為表親的差異會造成遺傳問題，而是從頭到尾，都只是執拗地相信某些固定觀念。

「原始人就是原始人，他們相信一些文明人不甚理解的風俗迷信。」所以得到：「原始人的思考是不合理的」這個結論。然而，有關這個問題，李維史陀關注的焦點和其他學者不同。有一段時間，李維史陀向雅各布森[12]學習音韻論方面的學問，雅各布森是索緒爾「結構語言學」的繼承和發展者。

那時，李維史陀突然靈光一現，立刻將結構語言學的理論套入人類學範疇，結果發現一個事實：如同語言深處存在著看不見的結構（差異的體系、相關性）一樣，過去僅看表面就斥之為原始的未開化部族親屬、婚姻、神話裡，其實有著我們無法理解的結構。

原來，「平行表親」的通婚沒有可替代的女性成員，但若是「交叉表親」，女性就可順利地交替循環，這規則潛藏著防止單一部族興盛或蕭條的結構，李維史陀將此稱為「野性的思維」。過去一直被視為原始民族的他們，在潛意識中以身體展現了科學規則（顯然長老並沒有發現……），這讓唯有近代思考才奠基於理性的觀念受到了批判，進而促使西洋世界觀、文明觀那種偏頗的「民族中心主義」進行徹底的反省。

---

12 羅曼・雅各布森：Roman Osipovich Jakobson，1896-1982，俄羅斯語言學家、
　　文學理論家。

練習思考

結構主義那種東西，我又用不到

　　我不大懂什麼是結構主義，雖然學校老師解釋過：「結構主義所說的結構，和建築物的結構不同。」但是，我還是不懂「結構」到底是什麼？唉，算了，反正和我們的生活沒有關係。你說什麼？最後這塊燒肉給誰吃？嗯，那就猜拳決定吧！

　　這個人的生活真的和結構主義毫無關係嗎？

提示！

　　猜拳的相關性是某種規則的變化，我們在潛意識裡，是否一直遵循著所有的結構呢？

解答 解說 關係在變化中保持著基本狀態

　　猜拳時的相關性是「石頭」贏「剪刀」、「剪刀」贏「布」，而「布」贏「石頭」。但就算不是剪刀、石頭、布也無所謂，重要的是彼此的關係，用「火」、「水」、「金屬」替換，也和猜拳具有相同的結構（例如水贏火，以此類推）。所謂的結構，是存在於變化深處的基本公式，就像氣球上畫的魚，會因氣球變大膨脹而變形，所以結構的特徵就是多變化。

傅柯

知識考古學

> 「知識」的型態
> 會隨時代而改變。

| 國家 法國 | 學說 知識型（épistémè） | 1926～1984 |

著作 《詞與物》《古典時代瘋狂史》《規訓與懲罰：監獄的誕生》

「人類的終結」是什麼？

◉「區別」，造就學問

　　傅柯在《古典時代瘋狂史》一書中，按照時代順序考據了瘋狂被定義為今日的「精神病」之前的歷史，我們大多傾向認為精神病是任何時代都存在的現象。瘋狂和正常的基準從一開始就被決定了，他們之間被清楚地畫了一條界線。

　　然而，傅柯卻認為瘋狂並非一開始就存在，而是社會賦予的定義，也就是說，瘋狂與理性（正常）之間的相對關係，是在歷史發展中被形塑而成的。根據傅柯的看法，直到中世紀為止，西歐社會都把瘋狂的人理解為神的使者，他們與常人共同生活，並沒有被特別區分開來。

202

這個蛋糕要怎麼切才好呢？

　　那些所謂的「神靈附身者」就像收音機一樣，任務是傳達神帶給世人的訊息。瘋狂具有魅惑人心的要素，即使時代不斷進步，瘋狂與理性之間，還是沒有非常明確的差異。隨著文明發展，漸漸地，瘋狂的人變成被監禁的對象，<u>理性和瘋狂之間被畫上一條線，就此區隔開來，所以瘋狂就往所謂的「疾病」方向發展了。</u>

　　具體而言，法國王朝透過絕對君主體制，宣布在巴黎設立一般療養院，用來監禁瘋子。十八世紀末開始，這些「瘋子」進而被安置於保護設施的制度下，傅柯認為，當瘋狂被定義為

精神病，精神醫學和心理學就因此誕生了。這代表因為「區別」而造就了學問。

◉認知改變，人也會不同？

傅柯依歷史沿革對「瘋狂」這個主題進行討論後，接著開始追溯人類知識的系譜，闡明各時代的知識型（知識的結構、思想的基礎）。《詞與物》一書的出版使得傅柯一夕成名，書中指出，中世紀與文藝復興時期的知識型很「類似」。

舉例來說，就像「核桃和大腦很像，因此吃核桃對大腦有益」的概念一樣，對於神祕的「類似」思考，就是該時代的「知識型」。

十七世紀中葉是「對於對象的分類、整理」的時代，就像笛卡兒透過理性判定對象正確與否的「知識型」時代，此時數學和各種分類學科開始發展。

爾後，十九世紀初發展出經濟學、語言學、生物學、人類學和心理學等等的「知識型」。傅柯說，自此所謂「人類」這個結構就此誕生。當然，生物學上的人類自古以來一直存在，這裡說的「人類」是透過嶄新的「知識型」所看到的，所以傅柯提出「人之死」的說法。未來若「知識型」改變，「人類」也會走到盡頭，這並不代表人類會因此滅亡，而是指，人對世界的觀念，會出現與過去截然不同的看法。

最近心情低落到不知如何是好⋯⋯

上網做了心理諮商評量，「做事不起勁」、「什麼都覺得無聊」、「睡不好」、「愈來愈健忘」、「人際關係不順利」。唉呀，我竟然全部都中。什麼？評量結果是「你有重度憂鬱症傾向」，我該不該去看醫生呢⋯⋯

以傅柯的觀點來看，他是否需要擔心呢？

 提示！

不用什麼事都區分的清清楚楚，這樣只會讓自己一直往不好的方向走。

解答 解說 理性與非理性的區別其實很困難

明明只是有點心情低落，卻被說成「該不會得憂鬱症了吧？」此時，就會突然很不安。有關瘋狂，傅柯做出排除與封閉等歷史性的回顧研究，那是用理性畫出一條界線的過程。當我們製造出太多疾病的名稱，會覺得自己好像每一個都符合，所以一定程度的彈性判斷是有必要的。過去想要激勵心情低落的人時，多半會叫對方「加油」，但現在比較偏向不過度鼓勵，以免造成對方更大的壓力。

李歐塔

Jean-François Lyotard

後現代

> 「大敘事」已然終結，
> 之後是「小敘事」的時代。

國家 法國	學說 大敘事的終結	1924 ～ 1998
著作 《後現代狀態》		

確立「後現代」一詞的人

◉「大敘事」，例如馬克思主義

　　李歐塔是法國的評論家、哲學家，一開始他以融合馬克思主義和現象學為目標，後來因為法國五月革命，轉而發展出**後現代思想**。

　　進入1970年代以後，新思潮在法國登場，代表人物有傅柯、德勒茲（Gilles Louis René Deleuze,1925-1995）、瓜塔里（Pierre-Félix Guattari ,1930–1992）、德希達（Jacques Derrida,1930-2004）等人。最初，這些人被視為「後結構主義」領域的學者，現在則稱為「後現代主義」，李歐塔在《後現代狀態》一書中，把這個用法就確立下來了。

「長篇故事」
結束了……

ＺＺＺ…

　　話雖如此，後現代指的到底是什麼？李歐塔說，後現代的特徵就是「**大敘事**」（métarécit）終結後的思想。所謂「大敘事」是「中途雖有迂迴波折，但整體社會終究會往好的方向發展」，例如所謂「**理性會發展、歷史會進步**」的進步史觀，還有「**歷史必然會從資本主義往社會主義發展**」的馬克思主義史觀等等。這些思想認為歷史發展的套路是固定的，因為先有故事情節，所以李歐塔稱之為「大敘事」。

　　但是李歐塔說，現在，那些宏大的故事該結束了，接下來應更關注無數的小故事，像是「和朋友吃了拉麵」，「去了迪士尼樂園」之類的瑣事（是真的呀，這些事不是比較重要嗎？）。

努力讀書，考進名門大學，再進入優良企業任職，有朝一日功成名就，這是「大敘事」的個人版；但這種觀念也可能慢慢瓦解。另外，所謂幸福就是進入好大學、好公司，之後順利升遷，出人頭地，以及成為有錢人就是幸福的這些想法，也算「大敘事」的一部分吧！然而，隨著時代的演進，這類價值觀也會隨之消滅，因為每個人都有自己的故事，都活在個人自身的「小敘事」裡。

李歐塔稱這種轉變為**對大敘事的不信任**，這是現代正在發生的狀況，有時也被稱為後現代情境。所謂的後現代，可說是在該情境下，對於**人類應該如何活下去？怎樣在其中找出「新敘事」？甚至沒有敘事也能繼續生存的思考架構**。

後現代並非一種普遍性的思想（任何時候、任何人、任何地方都能通行的理論），因為各種意見交雜紛陳，所以要對它有整體性的了解是很困難的。所謂知識，原指改善社會、交換意見、建構共識的意思。但李歐塔認為，後現代社會因價值觀的多元化，知識已變成具有訊息交換價值的商品。於是，知識不再是提高自身教養與能力的工具，而要透過情報的交換，帶出彼此的利益。但是在現今資訊氾濫的社會，要讓自己的感性更敏銳，或是提高資訊解讀的能力，是相當辛苦的。

練習思考

> ### 成功才是人生的目的！

財富是成功的指標，世界在不斷進步之中，成功與失敗是決定性的，所以為了成功，必須自我啟發。人生的目的就是要登上巔峰，用積極正面的態度獲得成功！今天的研討會就是通往成功的入口，只要參加下一次的研討會，你肯定會變成億萬富翁。來！參加費五十萬日圓。

依李歐塔來看，這是不是一場騙局？

💡 提示！

那是針對資本家有利的「大敘事」史觀，所以我們應該具備一雙批判的眼睛。

解答解說 不以成功為目的的時尚哲學

過去的政治思想都朝著某個目的行動，重視是否有效，但是在現代社會，往某個目標邁進的「大敘事」已經結束了，共產主義也未能實現。或許「朝目標邁進，獲取成功」的生存方式，一直以來都是資本主義這個「大敘事」從中操弄的結果……。人想藉由金錢和權力確認自身定位（身分認同）的想法可以理解，但這是否已經過時了呢？往後，或許會進入所謂「漂流思想」的時代，以自身的「小敘事」活在世上。

布希亞

Jean Baudrillard

社會哲學、符號學

> 何謂以「符號」（品牌）
> 來表現差異性的消費生活？

國家 法國		學說 生產的終結、差異		1929～2007
著作 《消費社會》				

何謂「生產的終結」？

◉從生產時代轉向消費時代

　　根據布希亞的分析，**在現代的消費社會，人們將商品當作符號來消費**。舉例而言，過去購買洗衣機時會考慮是否洗得乾淨。但曾幾何時，洗衣機的設計和顏色越來越豐富，尺寸也變得更多樣化，還增加了許多不大知道用途的按鍵。原本只要洗得乾淨就好，後來除了洗淨力的考量之外，也加入許多不同的採購標準，像是什麼品牌，以及是否符合房間的氛圍等等。

　　在這種消費社會裡，**商品形象能滿足買家的「地位」到何種程度，就成了消費魅力的所在**，只要看看汽車或智慧型手機，就可了解現代商品的這個特徵。

不是名牌，
但是很好吃喔！

　　布希亞用「<u>**生產的終結**</u>」來表現這種情況，商品不再是物品，而是變成了一種符號，和功能比起來，這個符號本身的差異性（魅力）越來越受到重視。商品的意義，不在花費在上頭的勞力密集度，也非該商品所佔的成本，名牌也不見得絕對比無名廠牌的品質好。

　　因此，原本可用生產觀點來分析的近代社會已然結束了。那麼，「生產終結」後的消費社會，又具有怎樣的特徵呢？與生產時代不同，消費時最重要的是商品的魅力。在生產的時代，象徵社會的是工廠、鐵道等草莽之處，現今卻是精緻陳列著大量商品的藥妝店和購物中心，這就是為了展現與其他商品

差異化所做的努力。

◉大家都有的物品就不再是名牌了嗎？

布希亞將維持生活「需求」的用品，和追求社會地位差異的「欲望」區分開來，肚子餓了買麵包是「需求」，為了顯擺而買精品西裝則是「欲望」。他認為「欲望」所消費的是，表現自己與眾不同的符號象徵。

消費社會的人們所消費的不僅是物品的機能或功效，和過去的貴族一樣，更在於誇示自己的社會地位，追求與他者之間的明顯差異。例如，「我在六本木穿的是亞曼尼西裝，戴的是勞力士手錶喔！」這就是一種符號表現。

如此，對於符號論的消費欲望（想要買名牌精品！），使消費財轉換為機能財和符號財的結合。也就是說，在「因為天冷而穿衣」的機能上，附加了「時尚」的概念，而且隨著消費欲望更大幅度地往符號財富方向傾斜，使得財富更加符號化，消費社會遂成為符號的體系。

體現如此行動模式的，正是那些想向上爬的中產階層，這個階級的行為以追求與他者的極小差異為目標，最後就消解了彼此的差異性，創造出同質性（例如，我們每個人都有LV喔！）。

練習思考

擁有名牌，就是人生勝利組嗎？

這是GUCCI和LV的包包，鞋子是愛馬仕和香奈兒，開賓士或特斯拉的人好酷喔！什麼？你說我是炫富的女人？什麼包包和鞋子能用就行了、車子能開就好了？你這笨蛋，要跟別人不同才有快感呀！咦？奇怪……這張信用卡怎麼不能刷了……

若從布希亞的觀點來看，這人是隨著什麼起舞呢？

提示！

不注重商品的實用性，只想用品牌來展現自己與眾不同，這是消費社會的特性，要特別注意！

解答解說 你真的需要那個東西嗎？

炫耀名牌服飾、包包、手錶等，是一種強調消費「差異」的行為。消費似乎成了一種宗教，○○名牌教就此出現，或許巴黎、米蘭的精品收藏就像是種宗教崇拜儀式。假如真有那種消費實力，想沉溺於該符號的名牌宗教也不是不可以，但要是口袋不深，下場可是很悲慘的。此時，不妨用蘇格拉底、柏拉圖、亞里斯多德等古典哲學家的思想，讓頭腦冷靜一下比較好。

德勒茲、瓜塔里

Gilles Deleuze、Félix Guattari

後現代

> 拉出一條逃亡線，
> 尋求多元價值。

| 國家 法國 | 學說 偏執、分裂 | 德：1925 ～ 1995
瓜：1930 ～ 1992 |

著作《反伊底帕斯》《資本主義與精神分裂（卷2）：千高原》（皆合著）

以機器的概念來理解資本主義

◉一切都是「欲望的機器」？

結構主義以佛洛伊德的精神分析為基礎，後現代思想也在這條延長線上，但德勒茲和瓜塔里卻批判佛洛依德理論，共同書寫了《反伊底帕斯》和《資本主義與精神分裂（卷2）：高千原》兩本書，展開他們獨特的後現代論述。

我們將世上的各種存在分類為有機物與無機物、植物與動物等等，德勒茲和瓜塔里卻把自然和人類放在同一水平上思考。此外，他們把佛洛依德的潛意識從「心靈背後的存在」重新詮釋為「我們生存的整體世界」，在那個整體世界（潛意識）裡，無數的「欲望機器」彼此連結、斷裂，蠢動著。「欲

呃，游牧思維，是在說什麼啊……

精神分裂啦，偏執狂這些用語，以前流行過對吧！

望的機器」是無數個流動的「分子」，它們集散、離合，產出生物與物體、社會制度，以及各種生產物，這不是指世界只是單純的機械結構唯物論，而是「整個世界都是潛意識世界」的奇特論點。潛意識（在此指全世界）是一個巨大的整體，是由無數分子所組成的「欲望機器」，所到之處都是混亂（好比電腦突然當機）。

再則，所謂的「**無器官身體**」，就像欲望元素般的東西，和人類的身體器官接觸時，就會以食欲或性欲等具體的欲望形式呈現。

◉以線條重新切割僵化固定的思想

　　相對於黑格爾（參照第106頁）和馬克思（參照第108頁）的歷史區分法，德勒茲與瓜塔里將歷史分為三個階段：①「原始土地機器」（原始共產制）、②「專制君主機器」（專制君主國家）、③「文明資本主義機器」（資本主義制）這三大社會機器。

　　①是「符碼化」（建立關係）；②是「超符碼化」（在①上加上法律，建立金字塔序列），接下來的③是「解碼化」（①和②交替，產生經濟的變動），各階段的主角分別是①「大地」→②「國王的身體」→③「貨幣」。

　　進而，資本主義是「欲望機器」的最終目標，它會煽動欲望，使人們產生對於新事物的興趣（例如智慧型手機不斷推陳出新）。根據他們的理論，窺探潛意識的作用是一種精神分裂症，在精神分裂症發作的前期，**分裂**作用會表現在藝術、技術等創造性的活動，或是股票、不動產買賣之類較為自由的活動上。分裂的作用在資本主義具有創新的價值，而共產主義革命已遭延宕，無法實現。革命若為可能，是因為產生了分裂作用的關係，**分裂有如塊莖**般擴散。塊莖與樹狀（tree）不同，並非系統性地發展，而是有如菌類的根部一般，以無中心的型態向外擴散。

　　相反地，「偏執狂」卻會統合性地掌握事物，屬於執著的類型，**偏執者**拚命努力，所以能累積財富。而資本主義屬於**游牧思維**，會不斷地開發再開發，所以可以持續煽動欲望。分裂的散財作用若勝過偏執，資本主義機器就會崩解。

> 你知道「精神分裂症」和「偏執狂」的差別嗎？

　　我是個五十幾歲的自營商，最近很常想起過去，例如學生時代的事。那時，電車上的吊掛式廣告上寫著「精神分裂」、「偏執狂」的標語，感覺很有哲學氛圍呢！當時還沒有智慧型手機和電腦，沒辦法馬上查是什麼意思，可能是要違抗上司命令啦，或想做什麼就做什麼，一切都很自由的意思吧！

　　這個人誤解了什麼嗎？

 提示！

　　現代思想不斷發展出新的概念，所以或許不是你想的那麼單純喔。

解答解說　以精神分裂面對過去，現在要像偏執狂般生活嗎？

　　精神分裂指的是想到新點子或新發明時的狀態，忽然瞥見潛意識（世界）的人，就被認為具有精神分裂的特徵；而處於另一極端的是偏執狂，其徵狀是表現出對事情的執著。德勒茲和瓜塔里主張在資本主義世界裡，不要受制於特定的價值觀，應該要像精神分裂者一樣，試著從各個角度獲得不同的體驗。

　　但仍要注意，不要沒頭沒腦地突然向上司提離職，還說什麼：「我要用精神分裂的態度過生活，我是游牧民族」之類的話喔！

德希達

Jacques Derrida

後現代

> 真與假，
> 無法一線區隔。

國家 法國	學說 解構	1930 ～ 2004

著作 《聲音與現象》《論文字學》

複製會影響原創

◉何謂「解構」？

德希達以「**解構**」一詞聞名，但若直接去讀他的思想著作，恐怕也不甚了了，因為「舊哲學vs. 新哲學」的戰爭一直持續進行，而德希達就是批判舊哲學思想的哲學家，也就是說，想要理解他在說什麼，基本前提是必須對哲學史有所認識。不過不要緊！若是把本書從頭讀起的人，應該已經掌握了哲學史的整體流變，足以理解「解構」的涵義。

話說「舊哲學」（從蘇格拉底到黑格爾為止）大致的內容是：「真實存在於某處，其複製品四處氾濫著，所以讓我們一起追求真實吧！」、「世界上存在著所謂真實的愛，但這個是

這是德希達式的錯位扣法！

你的釦子扣錯了唷！

假的，所以我們來找尋真愛吧！」，上述思想就是所謂的舊哲學（這是比較受歡迎的）。

但新哲學去除了真品和假貨的區別，就像原本的單眼皮黏上厚厚的假睫毛，戴上彩色的瞳孔放大片，讓眼睛看來又大又有神，若根據舊哲學觀點，會說「素顏才是真品，用假睫毛和彩色鏡片弄出來的臉是假的。」

再進一步假設，若某人在變美的過程中，美感能力提升了，也開始控制熱量的攝取，於是瘦身成功，甚至自然地變成雙眼皮，眼睛也變大，這樣他就不再需要假睫毛和彩色放大片了，此時**贗品便影響了真品**（這裡只是舉例而已）。

德希達認為「真理和虛偽」、「本質與外表」、「正常與異常」、「原件與複製」之間並無法區隔劃分，過去的哲學（指古代至近代為止的哲學）明確劃分黑與白，稱為「二元對立」。而德希達的「解構」就是要拆解二元對立觀念，普遍來說，人們會認為「真理」、「本質」、「正常」、「原創」應該受到重視，而複製就像贗品一般。但事實上，原創會受到複製品的影響，所以「二元對立」的階級秩序就被顛覆了。

◉舊哲學為什麼受到批判？

古典哲學以「清晰可見之物」（即呈現在眼前的東西）為基礎，建立了理論體系，笛卡兒所主張「我思故我在」的「我（＝自我）」也是清晰可見的根據。然而，德希達卻認為那樣的哲學是在「自言自語」，就是因為有「清晰可見的我才是真品」這樣的觀念，才製造出二元對立（會變成形上學）的結果。德希達連無法質疑的真理，都用「痕跡」這樣的用語來表現。

世上沒有任何東西本身就是全然正確的，一切事物都受到某些影響，故稱為「痕跡」（Die Spur），雖然人會認為「自己最了解自己，我就是我。」（具有自我同一性）。但是，因為這個自我已經受到某些事物的影響，便不可能像A＝A這麼單純。當人說出：「這是綠色的」那一瞬間，真實的綠色就已受到語言的影響了，代表一直受到時間差的攻擊。德希達連自我同一性都予以否定，徹底批判了過去的古典哲學。

練習思考

> ### 讀書是為了追尋真實，不是嗎？

要了解一個人的想法，閱讀他的著作是最好的方法，仔細閱讀應該可以完全了解作者的思想。什麼？你說柏拉圖的《理想國》嗎？嗯，只要讀了這本書，就能了解他真正的思想才對……咦，怎麼回事？查了以後，竟然發現每個學者對柏拉圖的解釋都不同！我想直接了解柏拉圖本人是怎麼想的。

若以德希達的觀點來看，此人的謬誤之處是什麼？

💡 提示！

作者本人所擁有的真實與書寫書來的複製品，這種二元對立的觀念，會造成混亂……

解答解說　不可能從「痕跡」復元為「真實」

我能理解人會想要把書寫的文字（文本）還原成最初的真實。但是在閱讀過程中，書寫者的解釋已經介入其中。假如柏拉圖的真實，確切保存在某個異次元中當然很好，但其實留存下來的只有文章本身而已。書籍並無法「代理」柏拉圖的真實思想（柏拉圖真實的聲音＝話語／ parole）。在閱讀過程中，書寫、表記之物（écriture）因為時空變遷，衍生出各種解釋，所以「書寫的東西比較有價值」，也就是文字的復權受到強調。

阿圖塞

Louis Althusser

馬克思主義、結構主義

> 若從這裡切入，
> 馬克思主義尚有許多可用之處。

國家 法國	學說 認識論的斷裂	1918～1990

著作 《閱讀〈資本論〉》《保衛馬克思》

重新閱讀《重讀馬克思》

◉「真正的馬克思主義」

　　阿圖塞是法國的馬克思主義哲學家，他找出詮釋馬克思主義的新的可能性。阿圖塞認為，馬克思的思想可分為前半與後半，將二者混為一談是不行的。

　　來做個假設吧！在《蜘蛛人》的電影預告之後，核心的《蝙蝠俠》才要開始。若讓兩部同時演，就會大混亂吧！阿圖塞發現馬克思最初的理論（**初期馬克思**）和年歲漸長後的想法（**後期馬克思**）不同，他指出後半部才是重點，並主張「如此想來，馬克斯思想還大有可為呢！」

　　眾所周知，1991年蘇聯解體後馬克思主義在西歐就失勢

認識論的
斷裂!?

了。但法國哲學家阿圖塞試圖透過結構主義的方法，重新審視馬克思主義，並確立馬克思主義做為科學一環的地位，試圖打一場馬克思主義的敗部復活戰。

　　過去的馬克思主義給人必須努力革命，往共產主義方向發展的印象（人道主義式的），阿圖塞卻認為，科學性地分析隱藏在資本主義社會內的結構之作《資本論》，才是真正的馬克思主義的精髓（非人道主義式的、科學性的）。

　　1845年以降的馬克思和年輕時的自己分道揚鑣，完成鉅著《資本論》，所以年輕時的馬克思和年長後的主張完全不同。阿圖塞將此稱為「認識論的斷裂」，經過斷裂期，真正的馬克思誕生了。

●捨棄人道主義，成為科學理論

阿圖塞重新詮釋馬克思主義，稱為「**多重決定**」的想法，馬克思認為下層結構（經濟基礎）會反映在上層結構（意識形態），也就是經濟決定論。但阿圖塞認為，一個事件的發生並非由單一矛盾（原因）產生，而是由複數的異質矛盾（原因）所決定的。

因此，**他秉棄了前期馬克思的人道主義層面，重新以結構主義來審視，遂使馬克思主義變成一種科學性的理論，可通行於任何時代**。這是馬克思主義至今仍被視為有效的緣故，他不只是閱讀馬克思的《資本論》而已，更把這本書視為新的哲學來重讀。

一般來說，馬克思思想認為歷史發展自有其公式，但事實上，世界的運作並非如此，因為也會發生出乎預料的事。即使發生貧富差距的矛盾，只要政府適當地介入調整（例如實施社會福利政策），就不一定會引發革命。

因此，阿圖塞秉棄馬克思主義中無產階級解放以及恢復被異化的勞動力等實踐性的部分，使得馬克思主義的後續討論成為可能（雖然還是有不少反論）。總之，就像電影的加長版一樣，這讓後人得以享受從不同角度探討同一哲學的樂趣。

> ### 什錦炸物和雞蛋，只能配蕎麥麵嗎？

「什錦炸物和雞蛋一定要加在蕎麥麵上！沒有其他搭配！」
「是啊……」
（一個禮拜後）
「在烏龍麵和醬汁上，加上什錦炸物和雞蛋的話，炸物就會吸收烏龍麵的湯汁……」
「但你之前不是說一定要加在蕎麥麵嗎？」
從阿圖塞的角度來看，這樣是OK的嗎？

 提示！

思想是逐漸變化的，不過也有可能發生突如其來的巨變！

解答解說 人的想法不必然連貫

我們可以說，人與歷史的今昔想法是相互連貫的。但有時也會因過去與現在差異太大，而產生「到底哪邊才對」的爭論。

這時候只要斷然承認：「嗯，思考發生斷裂了耶」，就可以用新方法來判斷。馬克思年輕時採取人類可以轉動世界（人道主義式的）的立場，後來卻從機制論的角度重新對世界做出詮釋，所以經歷過斷裂期，要從蕎麥麵變成烏龍麵也沒有關係！

漢娜‧鄂蘭

Hannah Arendt

政治哲學

> 沒有思想，
> 會製造出罪惡。

國家 德國　　　　　學說 極權主義論　　　　　1906 ～ 1975

著作 《極權主義的起源》

以人的身分而活？

◉為什麼會出現獨裁者？

德國的鄂蘭是第二次世界大戰後活躍於美國的政治思想家，往前追溯二十年，即1924年她18歲時，曾受教於海德格。海德格執筆《存在與時間》期間，兩人陷入熱戀，最後未能修成正果。後來，海德格成為弗萊堡大學校長，並在就職演說上表明支持納粹的立場。深受打擊的鄂蘭毅然離開了德國，流亡海外。二戰後，曾支持納粹的海德格失去了他的工作，直到鄂蘭44歲，海德格61歲時，兩人再次重逢，並在哲學上相互扶持，成為終生的學術夥伴。

漢娜‧鄂蘭的思想是在海德格與雅斯培的影響下形成的，

她在《極權主義的起源》（1951）一書中展開納粹論述，書中指出，**失去歸屬感、感到孤立無援的大眾，會在納粹的種族意識形態中，追求自身的存在感。**

漢娜・鄂蘭說，人並非以單一個體存在於世上，而是有許多複數的個體（**複數性**），不過每一個人都是獨一無二的，不能全部混為一談。但在這個與他人共享的公共性社會中，個人不同的生活方式都會向外擴散，進而影響他人，所以當公共性失控，**極權主義**就會興起。

◉大家都變蠢蛋，就會法西斯化了嗎？

眾所皆知，能自由交換意見，參加共同活動，人的個性與能力才可得到發揮。但人類共通的根本只是食欲等生存本能（**共通的本性**），於是會傾向把事情委託他人來代理，所以像希特勒那樣的獨裁者就誕生了。

此外，漢娜・鄂蘭把人類活動力分為**「勞動」**（labor）、**「工作」**（work）、**「活動」**（action）三類。「勞動」是為了吃、喝、禦寒等維持生存所需而進行的必要活動；「工作」則是生產物品的行為；「活動」是指透過言論參與政治的行動。除了「勞動」、「工作」以外，還要加入「活動」才是符合人類尊嚴的生活，為了達成這個目標，必須要學習有思想性的事物。

現代人對思想沒有興趣，抱持著「思想沒有意義」、「想那些也沒有用」的心態，一味追求享樂。因此，不去不思考的人增加了，在不知不覺中，善惡也變得不清不楚，希特勒就這樣出現了。

當大眾把一切交給獨裁者處理，自己就成為共犯結構的一員，不能說自己什麼都不知道，就不用負責吧。所以漢娜・鄂蘭認為，複數意見的共存非常重要，在一個能自由對話、自由參與共同活動的社會生活中，人的個性和能力才得以發揮。

練習思考

> ### 我對思想和政治沒興趣啦！

　　我沒什麼思想，對政治也沒興趣，每天只要開心過日子就好了。我只想工作、賺錢、享樂而已，誰來搞政治都一樣不是嗎？那些困難又麻煩的事，交給政治人物就好啦。政治哲學？那是什麼東西？政治的生活方式嗎？唉唷，沒興趣啦！依漢娜‧鄂蘭看來，這個人糟糕的地方在哪裡？

 提示！

沒有思想就是自尋死路，你怎麼沒注意到呢？

解答解說　對政治哲學沒興趣會怎樣？

　　「凡事只要好玩就行了」、「只要能夠享樂便可」，這種以個人利益為優先的人若變多了，文化就會變得低俗化，缺乏教養的人也會增加。最後，個人事務優先化的結果，將造成公共性的崩解。

　　如果大眾若不再閱讀，也不再思考，最後就會被聰明的人洗腦並且被控制，這時候獨裁者就會出現。其實我們都在不知不覺中受到獨裁者的操弄，所以務必從本書開始，多涉獵一些思想才好。

羅蘭‧巴特

Roland Barthes

符號學理論

> 哲學也能拿來談論
> 流行時尚。

國家 法國	學說 文本、符號	1915 ～ 1980

著作《流行體系》《符號帝國》

用符號來解讀世界

◉為現代思想創造絢麗語彙的人

　　羅蘭‧巴特是法國的評論家，主要研究範疇是文藝評論，也涉及神話、符號、電影、攝影等整體性的文化表現。他的理論基礎是索緒爾的結構語言學，並運用符號學解讀世界，使「文本」、「書寫」、「話語」等現代思想基本用語蔚為風行。

　　巴特提出「**作者之死**」的概念，對後世造成重大影響。一般來說，文學作品多被理解為作者思想的呈現，作品是位於作者這個主人的支配之下，讀者必須透過作品來了解作者的思想。

FUJIYAMA

JINJA

NINJA

JAPAN的符號是
自由自在
的唷~

MAIKO

SUSHI

羅蘭・巴特

　　但是，巴特卻主張這觀念是近代特有的產物，而且已經過時了。在「作者之死」的概念下，作者所留下的並非「作品」，而是「**文本**」。文本一旦離開作者之手，經讀者的仔細閱讀，就會得到深化，**文本表現的並非作者內心的真實，新生命是透過閱讀才被創造出來，所以文本是被加工過的東西**。讀者才是真正的支配者，藉由讀者的閱讀，文本才能獨自邁步前行。

　　「文本」一詞具有編織物的意涵，就好像持續被編織、不斷擴大的紡織品一樣。

　　而且這種發想並不止於文字，巴特也展開了他的攝影論。他認為攝影的本質是「曾在」，而我們能夠知道的，只有此刻

存在於此處的照片而已。

◉用哲學談論時尚

像織品般的東西不僅限於文字，所有文化皆是如此，巴特在《流行體系》中分析了服裝時尚，他從設計師自由發想所產生的符號（服裝），來研究時尚究竟具有怎樣的意涵。

例如，巴黎時裝週上，女性若穿著以「動物」為主題的名牌服飾，其符號就和「野性的」形象連結；若是以「有機」為主題的綠色植物系設計，應該就是「環保或自然」的符號了。

此外，巴特也曾在日本待過一段日子，所以他寫了《符號帝國》一書，書中符號學的觀點是：比起符號本身，它所要表達的意義比較重要。（例如，紅綠燈的紅，重要的不是顏色，而是「停止」之意。）

但是，來到日本的巴特很驚訝符號的意義竟然與特定事物切割開來了，它們被自由、任意地製造著。歌舞伎的女旦既是女性又非女性，臉譜的意思也曖昧不明；東京明明是個大都市，但位居市中心的，卻是皇居這個非都會的空間，所以符號與意義之間根本可說是完全無關。他還說，天婦羅的麵衣是織品，其空隙只是為了被吃而存在的；巴特也讚嘆壽喜燒的盤子是開場，鍋子則有如繪畫一般。各種食材無須依照順序食用，高興先吃哪個就吃哪個，真是太有意思了……儘管這些理解有些許謬誤，但我們還真得感謝巴特對日本的偏愛呢！

練習思考

盲目跟隨流行，沒有意義吧？

真搞不懂時裝秀有什麼意義，根本沒有人會那樣穿吧！模特兒化了妝，看起來長得都一樣，頭上的飾品真誇張，而且背上竟然還黏著羽毛，到底是想要幹嘛呀？那樣裝酷耍帥會肩頸僵硬吧！我還是覺得UNIQLO最好。

要如何用羅蘭巴特的理念回答他呢？

💡 提示！

流行時尚自有其符號性意義，就算穿著UNIQLO，也在發送著某種訊息。

解答 解說 流行與符號

時裝秀上發表的新作，是符號學的實驗品。以此為本，每一季的展品都會被重新設計成適合民眾在日常穿搭的服飾。在巴黎、米蘭時裝秀展出的概念和主題，其「符號」的部分都會被保留下來，然後拿到服飾店去販售。秋冬展品的主題若是「光」，傳達的就是「耀眼女性」的符號，而UNIQLO所展現的，可能是「我喜歡休閒」、「我很自由」等訊息吧。

班雅明

Walter Bendix Schönflies Benjamin

法蘭克福學派

> 複製技術，
> 讓「唯一」的美好消失了……

國家 德國	學說 靈光、法西斯主義	1892～1940

著作《巴黎拱廊街》(*Pariser Passagen: Eine dialektische Feerie*)

靈光消逝的年代

◉反正有網路，錯過了又如何？

　　法蘭克福學派的班雅明，著力於思考複製技術時代的藝術形式問題，他使用了「靈光」（aura）這個用語。

　　所謂「靈光」，是藝術理論上的概念，意指宗教禮儀對象具有的絕對性莊嚴，而「那個人很有靈光」的說法，也是源自其光輝的意象。根據班雅明的論點，「靈光」是僅此一次的現象，例如登山或散步等，都是只有當下、無法重現的體驗。

　　不過，歷經文藝復興運動後，就像被置入框架裡的繪畫那樣，能自由創作的作品增加了。不久，攝影和電影這種可複製的藝術也隨之登場，於是靈光就完全消逝了。班雅明說，要在

零碎的場景拍攝、並可無限複製的電影上期待靈光的出現，是不可能的事。

　　和班雅明的時代比起來，我們拜當時尚未出現的數位攝影與錄像技術所賜，有了愈來愈多的複製工具。我們不再有過去那種「假如錯過就再也看不到」的危機感，但「靈光」也因此消逝無蹤了。

● **數位機器的發達，可以對抗法西斯嗎？**

　　話雖如此，班雅明並非感嘆這是一種「墮落」的現象。他認為，失去了僅有一次的感動雖然令人悲傷，但這<u>若與政治連</u>

動，將會產生巨大的變革。

　　班雅明採取共產主義的立場，為了政治革命，他試圖建構大眾與藝術之間的新關係。只要攝影裝置夠發達，就能傳遞真實發生的事件，就像用智慧型手機上傳影片到YouTube。

　　此外，印刷媒體消除了作者與讀者之間的隔閡，讀者可透過報紙等媒介來反應意見，現在更由於網路環境的發達，在網路上發文回饋意見也愈來愈容易。班雅明以俄國為例，指出觀眾和素人也能演電影，而「街頭採訪」之類的電視企劃，讓一般民眾也有機會在媒體上露臉（或許，YouTube 的愛用者表現得最為極致吧！）。

　　班雅明認為，媒體若足夠發達，民眾就可以參與公共事務，如此便可產生對抗法西斯的方法。但是在資本主義社會，媒體卻單方面受到法西斯的利用（班雅明在第二次世界大戰時曾被納粹追緝，最後在逃亡途中服毒身亡）。相對地，共產主義社會在沒有「靈光」但能複製的新媒體下，自由的表現可以與政治相連，所以現代「靈光」的消逝反而是重建政治與藝術關係的新契機。

　　班雅明所追求的藝術合理性，並非好萊塢明星那種被大肆吹捧的機制，而是觀眾與工作人員皆可參與的電影，所以眾人共同製作的電影，才是理想的藝術形式。

> ## 反正有線上教學影片，就不用去補習班啦。

　　一群高中生在聊天，「去補習班超麻煩的，我都用智慧型手機看授課內容。」、「上網看嗎？不錯耶！」、「因為通車太累了！」、「時間都被限制住了，好麻煩喔！」、「學校課程以後也用平板電腦上好了。」、「沒錯！考試用平板電腦。」、「那我也不想去補習班了……」

　　根據班雅明的理論，這些人應該怎麼做才對？

提示！

失去「靈光」，無法集中注意力。

解答解說　不管實況轉播或動畫影片都可以

　　獨一無二的光輝、無可比擬的莊嚴氛圍，稱為「靈光」。補習班課程可透過錄影帶再三重複地看，對於學習或許有幫助。但是，教室的實況授課具有僅此一次的「靈光」，就保持「萬一漏聽這段就糟了」的緊張感來說，還是有意義的。課程中的臨場感，用「靈光」提高注意力應該是不錯的方法。若依班雅明的觀點來看，補習班應該一邊導入動畫手法讓資訊交換更順暢，同時又用個別指導來保持絕無僅有的「靈光」。

內格里、哈爾特

Antonio Negri、Michael Hardt
全球化

> 對抗〈帝國〉
> 這個新敵人的方法。

國家 義大利、美國　　學說 帝國、去中心化　　　内：1933～
　　　　　　　　　　　　　　　　　　　　　　　　　哈：1960～

著作 《〈帝國〉》（*Empire*）《諸眾》（皆合著）

何謂全球化？

◉到底〈帝國〉是什麼？

　　每個人都會問：「現在世界到底變成什麼樣子了？」，這個答案在2000年的《〈帝國〉》中獲得解答，而解答這個疑惑的是內格里和哈爾特。1980年代，社會主義崩解，美國開始帝國化。2001年9月11日，發生了911恐怖攻擊事件，於是很多人開始對這本書好奇，認為它預告了911事件的發生。內格里是義大利的馬克思主義思想家，而《〈帝國〉》是用左翼角度來說明世界的著作。

　　〈帝國〉被放入〈〉符號中，是因為它與過往的帝國主義不同，所謂「帝國主義」，是資本主義發展的型態，主要特徵

是對於殖民地的支配。但是，現今的資本主義和以往不大相同。那麼，這個〈帝國〉究竟在哪裡？其實內格里和哈爾特並沒有明確指稱「美國就是帝國」，但幾乎所有人都這麼理解，事實上這也沒有錯。不過，〈帝國〉是包含了美國，且不斷擴大的概念，所以不能確切地說「這就是〈帝國〉」。

美國是一個高度集中的權力體制，所以要說它是「帝國主義」也沒錯。然而，《〈帝國〉》一書談的是更高層次的問題，並非指有領土、有固定疆界的實體國家。所謂《〈帝國〉》，是一種「**去中心的**」（decentred）、「**反領土**」（deterritorialising）的支配裝置，而且沒有固定形式，並不斷在擴展中的國家概念。

●會變成全球化公民嗎？

原本的帝國主義是以本國為中心，向他國擴大領土範疇。但相對地，〈帝國〉並沒有一個身處於中心的國家，而是以超越國家制度與世界的跨國企業為節點，形成網絡狀的權力。

〈帝國〉本身並沒有權力中心，因此，它既存在一切所及之處，同時又具有不存在任何地方的虛擬性，所以〈帝國〉的支配範圍也沒有疆界，而是一種實質統治全世界的體制，感覺就像網路遊戲實際發生在地球上一樣。

內格里與哈爾特等人的思想被解釋為「現代的共產黨宣言」，其思想論述的是對〈帝國〉宣戰的革命主體。不過，這個革命主體已不再是過去的「普羅階級」（勞工），而是被稱為「Multitude（諸眾）」，所謂「諸眾」，是指超越國界的網友、透過全球化集結所形成的對抗勢力。話雖如此，它卻又不是團結一致的組織，構成「諸眾」的包含了學生、女性、外籍勞工和移民等等，任何人都有可能（或許你也是「諸眾」之一？），也可以說是網路等媒介的集合體吧！網路世界的「諸眾」VS.「〈帝國〉」之戰，或許正在開打呢！

練習思考

> ### 舉起人民的法槌！勞工的階級鬥爭是必須的

當市場規模不足時，資本主義國家就會開始發展殖民地政策，這就是帝國主義。美國以世界警察自居，在經濟、軍事等各方面發展實質的支配行動，也就是一種帝國主義。因為美國就是「帝國」，若想打倒它，就只有發動無產階級鬥爭了。就內格里來看，這人的觀念已經過時了嗎？

 提示！

冷戰後的美國已經是帝國了，但帝國是否有更多樣化的型態呢？

解答解說 看不到對方，自己也會隨之改變？

當國家與國家之間的對立不再，名為〈帝國〉的巨大政治、經濟、軍事複合體遂展開單一性的支配。〈帝國〉沒有中心，在無限擴大之中，所謂的外部已然不存在。它一邊調解指令的網絡，同時又負責管理、營運多重訊息的交換，是全球化世界秩序的所在。話雖如此，並非被他們支配後就完了，此時反而看見了新的政治主體「諸眾」的可能性，內格里和哈爾特說：未來的反對勢力並非傳統的左翼運動或階級鬥爭，若要對抗〈帝國〉，必須採用新的戰略才行。

羅爾斯

John Bordley Rawls

政治哲學

> 用「無知之幕」遮住自己，
> 才看得出什麼是正確。

國家 美國　　　學說 正義、差異原則　　　　1921 ～ 2002

著作 《正義論》（*A Theory of Justice*）

關於「正義」

◉試著罩上「無知之幕」

　　美國政治哲學家羅爾斯批判自邊沁以來的效益主義（參照第116頁），效益主義雖然以追求「最大多數者的最大幸福」為目標，但卻無視少數派所蒙受的犧牲。所以為了克服社會的階級差異，羅爾斯提倡自由主義（liberalism），目標是修正資本主義造成的貧富差距問題。

　　羅爾斯在《正義論》中思考有關正義的問題，他制定出一套能歸結眾人的一致意見，並且視為正確的方法。我們每個人的立場、意見不同是很正常的事，因貧富階級、人種、民族以及宗教差異，利害關係和社會地位便會隨之不同。那麼，如何

競爭與階級
差異的平衡是
很重要的唷！

才能在其中找出「正義」呢？

　　於是，羅爾斯提出一個思考性實驗，稱為「**無知之幕**」。
若換位思考，價值觀也會改變，所以必須試著去思考有錢人、
窮人、人種之別，以及不同性別者在布幕遮蔽下的原始狀態。
罩上了「無知之幕」，就會對自己究竟身處於社會的何種地位
一無所知，他相信在此情況下，人人都會選擇平等主義。

　　那是因為罩上布幕的瞬間，面對的對象有可能是大富豪，
但也有可能是超級貧民。因此只有在罩上能夠暫時遮蔽現狀的
「無知之幕」時所達到的全體共識，才可稱為正義，那必然會

是一個沒有貧富差距的社會。

◉何謂正義？

　　每個人心中對於何謂「良善人生」的詮釋都不同，即便以「善」為優先，也會因宗教、道德、習慣有別而產生對於善的認知差距，有時甚至會產生對立（因為每個人都有他自已對於「善」的定義）。所以，為了實現「公正的社會（公共正義）」，要先罩上「無知之幕」，暫時遮蔽自以為的「善」，重視公平的分配方式，也就是「對於善的正確優先順序」。

　　羅爾斯有兩種正義的原則，第一是「公正的機會均等原則」，他認為所有人都平等地擁有最大限度的基本自由（例如，言論與信仰的自由等等）。第二個原則是「差異原則」，這是關於社會、經濟資源分配正義的問題，必須「進行公正的分配」（均等地分配給每一個人）。

　　因為是在資本主義下的自由主義，所以某種程度的差異是可以接受的。話雖如此，該差異仍必須以達到社會內「最弱勢者的最大利益」為條件。至於那些靠家世背景或個人才能而得天獨厚的人，是因為偶然得利，所以應將蒙受之恩惠與弱勢者分享。如此，羅爾斯一方面表達在資本主義的競爭社會下，必須認同人們擁有自由的權利，同時也必須提升資源缺乏者的生活水平。

> Liberalism 這個單字就是自由的意思對吧？

　　我非常喜歡自由主義，資本主義就是自由主義對吧！可以自由創業、不斷競爭、一直賺錢，這樣活得才快樂啊！什麼？你說社會的階級差異怎麼辦？因為是自由主義嘛，差異越大也是必然的呀！這個社會本來就是弱肉強食，所以別再搞什麼社會福利或資源再分配之類的名堂了！我的錢也是拚了命才賺來的啊！

　　從羅爾斯的《正義論》來看，這個人的想法有錯嗎？

💡 提示！

　　「自由主義」的種類繁多，最終目標是修正階級差異的自由主義。

解答解說 Liberalism（自由主義）和 Libertarianism（自由至上主義）的差異

　　Liberalism 被翻譯成「自由主義」，包含了救助弱者的動機，基於「正義」的原則，羅爾斯理解為「公正」，也就是分配得當的意思。而批判這種自由主義（Liberalism）思想的，就是「Libertarianism」（自由至上主義），這個概念主張個人以正當方法所取得的財物，沒有義務要分配給窮人。因此，上述「練習思考」談的並非自由主義，而是自由至上主義喔！

弗蘭克

Viktor Emil Frankl

意義治療法

> 無論遇到什麼事，
> 人生一定有它的意義！

國家 奧地利	學說 追求意義的意志	1905 ～ 1997

著作《活出意義來：從集中營說到存在主義》（ *Man's Search for Meaning* ）

我為何而生？

◉失去希望，會導致死亡

精神科醫師弗蘭克建立了**意義治療法**（Logotherapy），這是一種引導人找出自身存在意義的心理療法。

1941 年的第二次世界大戰期間，弗蘭克被德國納粹送往奧斯威辛，在集中營裡生活。此處共收容了二十五萬被強制勞動的猶太人與俘虜，據說因為營養失調、傳染病、槍斃、毒氣等原因，最後多達數百萬人在此受虐而死。

弗蘭克著有《活出意義來》一書，原本的標題是「某位心理學家在集中營的體驗」，論述在集中營所這種被強制的極限狀態下，人的精神會如何變化？採取怎樣的行動？此外，在此

這些工作量
也太令人崩潰了吧！
不過，狗狗約翰在家裡
等我，我要加油！

狀態下的人會對什麼感到絕望，又要從何處找到希望？書中對
於這些問題都與弗蘭克的親身經驗一起被提及，集中營所內發
生的大量死亡不僅是因為納粹的「處刑」所導致，還包括許多
疾病致死與自我了斷。此時，弗蘭克得到的結論是，當事者的
精神狀態決定了生或死，這些人們不再相信自己有一天能回
家，被沮喪、絕望襲擊，最後失去活力而亡。也就是說，失去
希望的人抗壓性會降低，甚至可能會死亡，**特別是當人陷入一
種對自身生命已無任何期待的絕望心境時，就容易死亡**，這些
都與我們息息相關。

◉生命對人的扣問

弗蘭克認為，要防止絕望的人自殺，必須讓他期待往後的人生有「某件事」會發生，如此精神的、身體的能力（包含免疫力）都會得到強化，而所謂的「某件事」，不管是「等待的人」或「等待的工作」都可以，當人意識到自己的責任時，就不會輕易放棄生命。

弗蘭克認為每個人都活在「如何獲得幸福」、「怎樣才能成功」這種「自我中心的人生觀」之下，這種發想會讓人在欲望得到滿足後，接受下一個欲望的驅使。

此外，人在受苦時會說：「為什麼我要受這種罪」，弗蘭克卻對這個問題做了一百八十度的翻轉，他說人類應該要想：「這是人生給我的課題」。藉由把問題切換成：「我為何出生在這世上？」、「我的人生被賦予了什麼意義和使命？」，然後努力找出答案和「生存意義」。

根據弗蘭克的看法，在我們探問「人生意義為何」之前，其實它早就把這個問題丟給我們了。我們應該做的是面對人生的各種情境，相信有「某人」或「某事」正在等待著自己，同時也要了解為了那個「某人」或「某事」，我們也有自己能夠做得到的事。如此，就不會感到人生無望，而能堅強地活下去。

> ## 活著真沒意思！

　　我覺得每天都很無趣又痛苦，為什麼只有我這麼倒楣……未來只會不斷老化、生病，最後死掉而已，一點好事都沒有。真的不想活了，這世界上根本沒人在乎我，好想死……弗蘭克該如何幫助這個人呢？

💡 提示！

你還有未完成的「使命」，這就是生命的意義。

解答 解說 我的人生到底有什麼意義？

　　同樣待在集中營內，有的人走向死亡，有的人卻努力活了下來。能倖存下來的人都有這些共同特徵：「對未來懷抱希望」、「思念家人」、「體貼他人」、「重視與崇高存在（神或信仰）之間的關聯」等等。這表示精神層次較高、較豐富，並且永不絕望的人，才能存活，所以絕對不可以放棄。只要堅持下去，向生命說「YES」的那一天終究會到來。

羅素
Bertrand Arthur William Russell

分析哲學、邏輯學

> 使用符號邏輯學，
> 即可辨明真偽。

國家 英國	學說 謂語邏輯學	1872～1970

著作 《數學原理》（與數學家懷海德合著）

邏輯學是什麼？

◉用數學來表達語言

邏輯就像思考公式，希臘哲學家亞里斯多德是邏輯學的創始者，「A等於B、B等於C，所以A就等於C。」這種**三段論**法就是根據亞里斯多德的理念得來的。之後，邏輯學的研究有飛躍性的進展，直到二十世紀前半，拜數學家的研究方法所賜，新的邏輯學誕生了，維根斯坦（參閱第254頁）的老師羅素在這個領域留下偉大的功績。羅素建立的邏輯學被稱為**邏輯原子論**，他把原子一個個連結起來，再將組合了各個命題的文章符號化，稱為**符號邏輯學**，後來在他與懷海德[13]合著的《數學原

---

13 懷海德：Alfred North Whitehead,1861-1947，英國數學家、哲學家，羅素的老師。

所有的克里特人
都是騙子。

假的？

真的？

克里特島

理》是謂集大成。符號邏輯學分為**命題邏輯學**及**謂語邏輯學**兩類，命題邏輯學主要關注命題的肯定、否定，以及命題與命題接續的「接續符號」，進行語言的符號化。

例如，把「現在是四月」的命題視為p，將「有開學典禮」視為q，再用表示假設的箭頭，用「→」這個「接續符號」連結起來，就形成「p → q」的關係，意思是「假如現在是四月，就會有開學典禮」。接下來，暫且不管p或q的意思，只計算p與q符號關係的真（T）偽（F）。

而所謂「謂語邏輯學」，則是**把「某某」當作主詞，將其他東西全都視為謂語的邏輯學**。在謂語邏輯學中，假設有個句

子是：「所有的人類都是動物」，若將這句話謂語化，就可改說成「關於所有（∀）的 x，假如 x 都是人類（H）（→），該 x 就是動物（A）」，然後就可用 ∀ x（Hx → Ax）的符號來表示。邏輯學就是運用數學算式來簡化語言，以便於思考的工具。

◉如何解決悖論的問題？

羅素把階級概念導入邏輯思考，藉以分析**悖論**的問題。所謂悖論，是指前提上看起來正確，但經實際推論後，結果卻是矛盾的。例如，自古以來一直流傳著「克里特人的悖論」這句話，假設有個克里特人說：「所有的克里特人都是騙子。」他也是克里特人，所以「所有的克里特人」應該也包括他在內。如果他的言論是真的，那麼「所有的克里特人都是騙子」便是假的，但既然他說的是「真的」，那所有人都是騙子，但卻又不包括他自己。如此這般，又會回到最初，不斷地重新循環……

羅素認為這種無限迴圈的情形之所以會發生，是因為犯了以下的謬誤：「**包含了某集團所有的成員，當事人也必然身在其中。**」換言之，此命題適用於全體克里特人，但敘述者本身即隸屬於該集團成員，所以產生了悖論。

羅素不但在符號邏輯學的領域很活躍，也留下各種不同的貢獻，從第一次世界大戰開始就成為一名和平反戰者，積極倡導和平運動，二戰期間也和愛因斯坦共同提出禁止核武的訴求。

什麼是裝得進所有袋子的袋子？

我在網路上買了一個「裝得進世上所有袋子的魔法袋」，有了這個，打掃房子就更輕鬆愉快了。總之就是把所有東西塞進小袋子，最後再放入這個袋子就好啦。蛤？你說：「裝得進世上所有袋子的袋子，是否也要放進那個袋子裡嗎？」嗯，這我要看一下使用說明書耶……

就羅素的觀點來看，此人陷入怎樣的矛盾之中呢？

 提示！

「裝得進世上所有袋子的袋子」，這件事本身就有矛盾。

解答解說 看似無誤的道理，其實隱藏著悖論

「裝得進世上所有袋子的袋子」應該也包含在世上的袋子裡，所以它也必須被放進袋子裡面。但要是這樣的話，這個袋子就不見了，所以還是得從「裝得進世上所有袋子的袋子」裡，取出那個「裝得進世上所有袋子的袋子」。可是這樣一來，又和「裝得進世上所有袋子的袋子」定義矛盾，便又再把它裝進去……（以下重複）。在小學的教室裡，老師說：「不可以在教室裡說話。」卻有調皮鬼回嘴：「咦？老師你自己不是也在說話嗎？」這也是邏輯學要探討的題目吧。

Chapter 4 ｜ 現代②～結構主義、後現代、分析哲學

維根斯坦

Ludwig Josef Johann Wittgenstein

分析哲學

> 無法言說的事，
> 就只能保持沉默。

國家 奧地利　　學說 語言遊戲　　　　　　　1889～1951

著作 《邏輯哲學論》

哲學的難題消失了嗎？

●語言的限度就是世界的限度

　　維根斯坦寫了《邏輯哲學論》一書後就暫時從哲學世界引退了，因為他認為這本書已經解決了哲學領域的一切問題。所謂一切的問題，感覺好像「從希臘時代蘇格拉底開始的問題，全部都解決了似的，哲學史就此終止！」

　　就邏輯性地分析語言本身來說，維根斯坦哲學與過去的哲學完全不同，一直以來，哲學的發展都在批判過往的哲學，例如「亞里斯多德批判柏拉圖哲學」，哲學就是以這樣的形式發展而來的。

　　然而，哲學是由語言建構起來的，假如語言使用有誤，就

會全盤皆錯。維根斯坦判定**過去的哲學在語言使用上犯了邏輯性的錯誤，因此全部出局**，也就是說「人生的目的何在？」、「生存意義何在？」、「人應該做什麼？」等這些問題，本身就充滿謬誤。

　　支持《邏輯哲學論》的邏輯體系就是「**圖像理論**」，他認為世界和語言就像銅板的正反面是無法分開的。語言和世界具有並行關係，假如語言能精確地表象世界，那麼分析語言的使用方式，就能知道對世界的理解是否正確。相反地，運用怪異的語言表現，那麼句子本身就沒有意義了。

「真的有命運嗎？」、「何謂愛？」、「為何活在世界上？」等問題，若根據「圖像理論」來看，並沒有能和語言對應的對象，所以這些問題本身就是詭異而且不具意義。如此，至今為止所有的哲學都被否定了，什麼都沒有剩下，再繼續討論過去的哲學（形上學）也沒有意義，所以在《邏輯哲學論》的最後，維根斯坦下了這個結論：「**對於無法言說的事，應該保持沉默**」。

◉語言，因為被使用而有意義

　　維根斯坦因為認為哲學問題已全部得到解決，而暫時從哲學界引退，但後來又跳出來說《邏輯哲學論》的內容有誤，然後否定了自己的學說。他認為，語言並非在對應某對象時產生意義，而是在特定的生活形態下決定語言規則的，所以他開始**分析日常語言**。

　　例如，分析「痛」這個詞彙時，好像也只能說「痛」而已，但是我們知道「痛」會出現在哪些日常生活的對話中。例如，吃日本料理時，若說：「把『那個』拿給我」，指的是醬油，吃燒肉就會是沾醬！所謂的『那個』，會在特定狀況下發揮應有的功能，所以維根斯坦把語言的使用方式稱為「**語言遊戲**」。從此哲學的功能不再是「煩惱諮商」，已轉換為語言分析了（分析哲學）。

練習思考

> ## 不是語言，是心靈啦！

　　語言是很表面的東西對吧？重要的是心靈有所感受，然後再貼上語言的標籤而已，所以語言是次要的！即使沉默，也能傳達情感，內在感受到的東西才是真實。你說什麼？我在表達這些概念時，也使用了「語言」……

　　就維根斯坦的立場來看，這個人犯了什麼謬誤？

 提示！

「不說出口你也能懂吧」，這件事本身就是矛盾？

解答解說　所有一切都是由語言構成的

　　大多數人認為內心的真實與語言是不同的東西，但站在分析哲學的立場，思考和語言是表裡一致的，所以使用語言就是在進行哲學思辨。而且語言就是思考，這個論點與過去的哲學（超越語言，追求真實）大不相同，方法上也有所不同。話雖如此，用語言來分析語言，接著又繼續用語言往下分析，可能會變成在兜圈子，所以還是必須謹慎以對。

結語
變，是唯一的不變

「哲學家都在各說各話！」

「書裡的內容毫無章法！」

「搞不清楚哪個說的才對？」

假如讀了這本書讓你有上述的感覺，那我就要說：「恭喜囉！」。

因為哲學就是這樣。

從各個角度出發，提出不同主張，不斷改變立場，學到如何成為完全相反的人格，這正是哲學的特質。哲學絕非說教，並非將單一的主張強加於人，更嚴格地說，它是用來破壞自身信念的工具。

一般都認為學哲學的人很固執，其實剛好相反。學了哲學，反而讓思考變得彈性，因為一旦迷上哲學思考，就無法再輕易相信別人的意見，甚至開始自我懷疑，不確定自己的主張是否正確。

感到不安時就會不斷地想：「只有我能驗證這個想法的正

把意義
找出來吧！

我們每個人都
活在歷史之中

這個人感覺
有點危險……

確性，但我真的有這個能力檢視嗎？」因此轉而求教於人。但
又會發現：「或許別人的想法也有錯？」於是，又繼續諮詢不
同的意見，或是透過閱讀……直到最後，判斷的責任還是回到
自己身上，然後又再思考一次，「我的想法，會不會是錯的
呢？這該不會只是我的妄念吧？」像這樣，不斷反覆思索。

　　然後，不敢再輕言「這就是對的！」而會產生「這麼想沒
問題，但那樣思考也沒錯」，判斷上會變得更加周全！有些人
可能會擔心這樣是不是沒主見或是很沒用，不過根本無須擔
心，因為「自己」本身就沒有一個標準答案。

　　就好比智慧型手機與APP的關係，智慧型手機是「我」，
而APP則是「哲學」，先嘗試把各種哲學思想下載到稱為「大

腦」的智慧型手機裡，假如好用就能一直用；不喜歡就刪除。能一直不斷自我調整改變，才是一個有「智慧」的人。

人，一定要思考，但不要過度糾結在同一件事上，變成死腦筋也不行。就像以前的電話只有打電話的功能，但要是人的頭腦僵化就糟了，所以大家需要有「智慧」地放鬆一下吧！

這本書的內容並非讀一遍就夠了，大家可以先試著實踐古代哲學家的觀念，假如行不通，再換成現代哲學家的自由氣息，歡迎讀者們穿梭在世界各地漂移旅行。另外，當人與人之間意見發生對立，你可以在內心試著分析：「這一方用的是近代思想，另一方則是現代理念。」在不被人發現的狀況下做一點哲學思考，似乎也是不賴的點子呢！

總之，哲學是一門無所不通的萬能之學，只要懂一點，就能看見世上原本難以窺探的祕密。假如學出興趣了，建議讀者們可以深入研究，盡情探索哲學的奧祕。

我要謝謝KANKI 出版編集部的荒上和人先生，他在本書執筆之際給了我諸多建議與協助，另外Morning Garden 繪製的插圖非常可愛。最後，我要向每一位參與本書製作的人們，致上最深的謝意。

專有名詞表

a

Aristotelēs　亞里斯多德

Ataraxia　靈魂的安歇

APATHEIA　不動心

Aurelius Augustinus　奧古斯丁

Arthur Schopenhauer　叔本華

Alain(Emile-Auguste Chartier)　阿蘭

animus　阿尼瑪

Alfred Adler　阿德勒

action　行動

aura　靈光

Antonio Negri　內格里

A Theory of Justice　《正義論》

Alfred North Whitehead　懷海德

b

buddha　佛陀

Baruch De Spinoza　斯賓諾莎

Blaise Pascal　巴斯卡

Bertrand Arthur William Russell　羅素

c

cosmopolis　國家

cosmopolitan　世界公民

cosmopolitanism　世界公民主義

cynicism　犬儒主義

categorical imperative　定言令式

Charles Sanders Santiago Peirce　皮爾士

Carl Gustav Jung　榮格

complex　情結

Claude Lévi-Strauss　李維史陀

d

David Hume　休謨

Der Wille zur Macht　權力意志

decentred　去中心的

deterritorialising　反領土

e

Erōs　愛慾

Eidos 理型論

Epikouros 伊比鳩魯

Epicurean 享樂主義者

Edmund Gustav Albrecht Husserl 胡塞爾

epoche 懸置

engagement 介入

Emmanuel Lévinas 列維納斯

es 本我

épistémè 知識型

écriture 表記之物

Empire 《帝國》

f

forms 理型論

Francis Bacon 培根

Friedrich Wilhelm Nietzsche 尼采

Ferdinand de Saussure 索緒爾

g

Giovanni Pico della Mirandola 皮柯

Gottfried Wilhelm Leibniz 萊布尼茲

George Berkeley 柏克萊

Georg Wilhelm Friedrich Hegel 黑格爾

Gilles Louis René Deleuze 德勒茲

h

Hilary Whitehall Putnam 普特南

Hannah Arendt 漢娜・鄂蘭

i

Immanuel Kant 康德

instrumentalism 工具主義

il y a 存在、有

identity 身分認同

j

John Locke 洛克

Jean-Jacques Rousseau 盧梭

Jeremy Bentham 邊沁

John Stuart Mill 彌爾

John Dewey 杜威

Jean-Paul Sartre 沙特

James Anthony Abbott 吉姆亞伯特

Jürgen Habermas 哈伯瑪斯

Jean-François Lyotard 李歐塔

Jacques Derrida 德希達

Jean Baudrillard 布希亞

John Bordley Rawls 羅爾斯

k

Karl Heinrich Marx 馬克思

Karl Jaspers　雅斯培

l

Logos　邏各斯（理性）

libido　欲力

langue　語言

La Pensée Sauvage　野性的思維

Louis Althusser　阿圖塞

labor　勞動

liberalism　自由主義

Libertarianism　自由至上主義

Les Mots et les choses　《詞與物》

Logotherapy　意義治療法

Ludwig Josef Johann Wittgenstein　維根斯坦

m

Marcus Tullius Cicero　西塞羅

Macrocosmos　大宇宙

Microcosmos　小宇宙

Mind–body dualism　心物二元論

monad　單子

Martin Heidegger　海德格

Maurice Merleau-Ponty　梅洛‧龐蒂

Max Horkheimer　霍克海默

Michel Foucault　傅柯

métarécit　大敘事

Michael Hardt　哈爾特

Multitude　諸眾

Man's Search for Meaning　《活出意義來：從集中營說到存在主義》

n

Niccolò Machiavelli　馬基維利

noema　所思 / 意識對象

noesis　能思 / 意識行為

nomad　游牧思維

p

Platon　柏拉圖

pathos　情感

positive law　實在法

projet　投身

persona　人格面具

Pierre-Félix Guattari　瓜達里

paranoia　偏執狂

parole　話語

Pariser Passagen: Eine dialektische Feerie　《巴黎拱廊街》

r

René Descartes　笛卡兒

Roman Osipovich Jakobson　羅曼‧雅各布森

rhizome　塊莖

Roland Barthes　羅蘭‧巴特

s

Socrates　蘇格拉底

stoicism　斯多葛學派

sub specie aeternitatis　在永恆的相下

substance as「force」　力

Søren Aabye Kierkegaard　齊克果

Sigmund Freud　佛洛伊德

schizophrenia　精神分裂症

t

Thomas Aquinas　阿奎納

tabula rasa　白紙

The Matrix　《駭客任務》

Thou shalt not kill!　不可殺人

Totality and In nity　整體與無限

Theodor W. Adorno　阿多諾

tree　樹狀

u

Utilitarianism　效益主義

v

veil of ignorance　無知之幕

Viktor Emil Frankl　弗蘭克

w

William James　詹姆斯

work　工作

Walter Bendix Schön ies Benjamin　班雅明

z

Zēnōn　芝諾

參考文獻

◎ 小林道夫、坂部惠、小林康夫等人，《法國哲學・思想辭典（フランス哲学・思想辞典』（日本弘文堂，一九九九年）

◎ 廣松涉，《岩波哲學・思想事典（岩波哲学・思想事典）》（日本岩波書店，一九九八年）

◎ 小林道夫編纂，《哲學的歷史 第5（17世紀）笛卡兒革命（哲学の歴史 第5（17世紀）デカルト革命）》（日本中央公論新社，二〇〇七年）

◎《新倫理資料集（新倫理資料集）》（日本實教出版，一九九五年）

◎ 渡邊義雄，《立體哲學（立体哲学）》（日本朝日出版社，一九七三年）

◎ 守屋洋、守屋淳，《中國古典名言錄（中国古典の名言録）》（日本東洋經濟新報社，二〇〇一年）

◎ 富增章成，《半夜可以闖紅燈嗎？當今可用的哲學技巧（深夜の赤信号は渡ってもいいか？いま使える哲学スキル）》（日本櫻花 ，二〇一二年）

◎ 渡辺二郎，《人生的哲學（人生の哲学）》（日本放送大學教育振興會，一九九八年）

◎ Michael J. Sandel、鬼澤忍譯，《Justice: What's the Right Thing to Do?》（日本早川書房，二〇一一年）

◎ 細見和之，《法蘭克福學派—從霍克海默、阿多諾到二十一世紀的「批判理論」（フランクフルト学派 - ホルクハイマー、アドルノから21世紀の「批判理論」へ）》（日本中公新書，二〇一四年）

◎ 船木亨，《現代思想入門（現代思想入門）》（日本筑摩新書，二〇一四年）

◎ 藤本一勇、清家龍介、北田曉大等人，《現代思想入門 全球化時代的「思想地圖」！（現代思想入門 グローバル時代の「思想地 」はこうなっている！）》（日本ＰＨＰ研究所，二〇〇七年）

◎ 仲正昌樹，《集中講義！日本的現代思想 何謂後現代？（集中講義！日本の現代思想　ポストモダンとは何だったの）》（日本NHK BOOKS，二〇〇六年）

◎ 德勒茲、瓜塔里（合著），《反俄狄浦斯：資本主義與精神分裂（『アンチ・オイディプス』上・下　資本主義と分裂症）》（日本河出文庫，二〇〇六年）

◎ 德勒茲、瓜塔里（合著），《資本主義與精神分裂（卷二）千高原（『千のプラトー　上・中・下　資本主義と分裂症）》（日本河出文庫，二〇一〇年）

◎ 維克多・弗蘭克著、池田香代子譯，《活出意義來（夜と霧）》（日本MISUZU書房，二〇〇二年）

◎ 叔本華，《作為意志與表象的世界（意志と表象としての世界）》（日本中央公論新社，二〇〇四年）

哲學家超圖鑑
超訳 哲学者図鑑

作 者	富增章成
譯 者	徐雪蓉
封 面 設 計	劉孟宗
內 頁 排 版	高巧怡
行 銷 企 劃	蕭浩仰、江紫涓
行 銷 統 籌	駱漢琦
業 務 發 行	邱紹溢
營 運 顧 問	郭其彬
特 約 編 輯	蔡欣育
責 任 編 輯	李嘉琪
總 編 輯	李亞南

出 版　漫遊者文化事業股份有限公司
地 址　台北市103大同區重慶北路二段88號2樓之6
電 話　(02) 2715-2022
服 務 信 箱　service@azothbooks.com
網 路 書 店　www.azothbooks.com
臉 書　www.facebook.com/azothbooks.read
營 運 統 籌　大雁文化事業股份有限公司
地 址　新北市231新店區北新路三段207-3號5樓
電 話　(02) 8913-1005
電 話　(02) 8913-1096
劃 撥 帳 號　50022001
戶 名　漫遊者文化事業股份有限公司
初 版 一 刷　2023年6月
初 版 三 刷 (1)　2023年10月
定 價　台幣480元
ISBN　978-986-489-790-2
有著作權‧侵害必究
本書如有缺頁、破損、裝訂錯誤，請寄回本公司更換。

CHŌYAKU TETSUGAKUSHA ZUKAN
by Akinari Tomasu
Copyright © 2016 Akinari Tomasu
Original Japanese edition published by KANKI PUBLISHING INC.
All rights reserved
Chinese (in Complicated character only) translation rights
arranged with
KANKI PUBLISHING INC. through Bardon-Chinese Media
Agency, Taipei.

國家圖書館出版品預行編目 (CIP) 資料

哲學家超圖鑑/ 富增章成著；徐雪蓉譯. -- 初版. -- 臺北
市：漫遊者文化事業股份有限公司出版：大雁文化事
業股份有限公司發行, 2023.06
　面；　公分
譯自：超訳哲学者図鑑
ISBN 978-986-489-790-2(平裝)‧
1.CST: 哲學 2.CST: 世界傳記 3.CST: 學術思想
109.9　　　　　　　　　　　　　112005942

漫遊，一種新的路上觀察學
www.azothbooks.com
漫遊者文化

大人的素養課，通往自由學習之路
www.ontheroad.today
遍路文化‧線上課程